EVENTOS POR
VENIR

MIGUEL ÁNGEL HURTADO

MINISTERIO
AMOR SIN LIMITES
...PORQUE DE TAL MANERA AMÓ DIOS AL MUNDO...

EVENTOS POR VENIR

Escrito por:
Miguel Ángel Hurtado
Diseño de portada e interiores:
J A - Artes Gráficas
Corrección de estilo y edición:
Katarinna Ortiz Marín
katarinna1507@gmail.com

Derechos reservados © 2019
por Miguel Ángel Hurtado
Ministerio Amor sin límites
P.O.BOX 228512
Doral, FL 33222 USA.
miguel.asl77@gmail.com

CATEGORÍA:
Crecimiento espiritual / Escatología
....
Impreso en los Estados Unidos de Norteamérica
ISBN - 9781677389612
Primera edición, enero 2020

Todas las porciones bíblicas han sido tomadas de la Santa Biblia, versión Reina-Valera, revisión de 1960
Porciones subrayadas por el autor.

CONTENIDOS

PRÓLOGO

Yo conocí a Miguel A. Hurtado en el año 1991, siendo maestra del Instituto Bíblico de la iglesia Alpha y Omega, donde le estuve enseñando en diferentes clases por dos años.

El 11 de septiembre de 2001, después del impacto de los acontecimientos en las ciudades de Nueva York y Washington D.C., Miguel escribió un libro llamado «Días difíciles», donde él explica en una forma clara la posición de Dios sobre estos acontecimientos.

En este tiempo, el Espíritu Santo pone en el corazón de Miguel el deseo de escribir «Eventos por venir». Y fue a través de la lectura de este estudio que pude reflexionar acerca del poco tiempo que falta para el arrebatamiento de la iglesia. El libro de Apocalipsis, el cual inspira mayormente esta obra, es uno de los regalos de Dios a su pueblo, donde vemos el triunfo final de Cristo y la glorificación de los santos.

El capítulo ocho nos deja ver el final de aquellas personas que murieron sin Cristo. Así que, si el lector no conoce a Jesús y nunca lo ha recibido como su Señor y Salvador, este capítulo le impactará, ya que muestra que hay libros en el cielo que serán abiertos y los muertos que no conocieron a Cristo serán juzgados según sus obras.

Esta gran obra literaria permite a las personas conocer la secuencia de sucesos que tomarán lugar en esta tierra antes de la llegada del fin del mundo. En él se explica y detalla lo que va a suceder en un futuro muy cercano y la importancia de asegurarse, ya que la única manera como se puede salir triunfante es entregando su vida a Jesucristo.

Dra. Dyhalma García
Ministerio «La palabra ungida».

DEDICATORIA

Dedico este libro a mi Señor y Salvador, Jesús, por el gran amor y misericordia con que me rescató y luego me llamó a su servicio. Por su eterna paciencia conmigo y porque su amor sembró en mí el profundo deseo de escribir este material, al ponerme una profunda carga por presentarte una relación clara y precisa de todos los eventos que acontecerán antes del fin del mundo; no sin dejar también en tus manos la solución necesaria.

A su Santo Espíritu, que nunca me abandona y siempre me regala preciosas sorpresas de revelación para dejarlas impresas. No existe nada mayor ni más excitante que su preciosa presencia y su infinita revelación, y el grandioso privilegio de poder tener una relación íntima con Él, la cual nos lleva a amarle profundamente.

Quiero dejar bien en claro que no escribo este ni ningún material porque me considere a mí mismo un gran conocedor de las Escrituras, y mucho menos un experto en escatología. No, solo me he dado a la tarea que el Señor ha puesto en mi corazón y para ello hemos tenido que enfrentar muchas batallas. Ha sido un material muy peleado; pero el Señor ha vuelto una y otra vez con esta fuerte inquietud: «Termina lo que comenzaste». Así es como he podido llegar al final, agarrado fuertemente de la mano de Dios y dependiendo de Él para todo.

¡Para ellos, Padre, Hijo y Espíritu Santo, sean la gloria y la honra por siempre, amén!

AGRADECIMIENTOS

Como siempre, mi más profundo agradecimiento primero al Dios trino: Padre, Hijo y Espíritu Santo, por su permanente compañía y guía en todo momento.

A mi amada esposa, Ynés, quien siempre es tan especial conmigo y me brinda su apoyo constante.

A mi pastor, Frank López, no solo por sus consejos y ayuda, lo cual es de un valor incalculable, sino porque más allá de darse a la tarea de traer cuidadosamente una excelente palabra al pueblo que Dios le ha encomendado, nos modela con su vida el carácter de Jesús. Te amamos pastor, sinceramente.

A mi amada hermana, la pastora Dyhalma García, por su amable disposición y amor para tomarse el tiempo y escribir el prólogo de este libro. ¡Mil gracias!

A todos y cada uno de los amigos y hermanos que al brindarme su ayuda y apoyo están haciendo una siembra, con un enorme valor delante de la presencia de Dios. Cada uno, de manera individual, es una pieza fundamental y de gran importancia en la realización de este material. ¡Dios se derrame en bendiciones ilimitadas sobre sus vidas!

A ti, amado lector, recibe mi amor y mi respeto.

De lo más profundo de mi corazón, ¡muchas gracias a todos!

INTRODUCCIÓN

Cuando escribí mi primera obra, «Días difíciles», lo hice con el deseo de dar respuesta a una serie de preguntas, genuinas por cierto, las cuales surgieron a raíz de los trágicos acontecimientos ocurridos en *New York* y *Washington D.C.* el 11 de septiembre de 2001. La necesidad era inminente: traer al lector una respuesta clara, genuina, honesta y centrada en la fuente de la total y absoluta sabiduría, la Palabra de Dios. Una respuesta que pudiera satisfacer la demanda de todas las preguntas que estaban siendo formuladas durante esos días.

En este material pretendo extenderme un poco más en estas respuestas y exponerte, de una manera clara y ordenada, un relato de los eventos que acontecerán antes de que llegue «el fin del mundo».

Esta frase, «el fin del mundo», es lo que la inmensa mayoría de las personas quisiéramos descifrar y, a su vez, estar seguros de qué, cómo y cuándo acontecerá.

Mucha gente, al ignorar por completo estos acontecimientos y por ende no estar preparados para el momento en que tengan que enfrentarlos, caerán en pánico. Un claro ejemplo de ello fue esta tragedia, la del 11 de septiembre. Al igual que miles de personas de diferentes lugares del mundo, yo pude ser testigo de cómo el terror se apoderó de ellas, e incluso pensaban que el fin había llegado.

De manera que, quiero extenderte una invitación a entrar en las siguientes páginas y descubrir en ellas la verdad de lo que sucederá. Situaciones que estaremos viviendo de aquí en adelante. Eventos que tomarán lugar, que están planificados por nuestro Señor y Dios, los mismos que para acontecer no dependen en lo absoluto de si yo creo o no.

Sucederán porque están planificados de esa forma y será así independientemente de lo que el hombre crea o deje de creer.

¿A qué me refiero con «la verdad»? Existe una sola verdad absoluta y es la verdad de Dios. Todo lo demás es relativo y sujeto a cambio; pero no es así con Dios. Dios no cambia y lo que está establecido por Él en su santa Palabra, la Biblia, tomará lugar; me guste o no, lo crea o no, sea yo obediente a Él o no.

De manera que, mi amigo, vayamos juntos a descubrir la verdad de los planes de Dios y los eventos programados por Él con anticipación, para así poder dejar atrás todas las dudas.

CAPÍTULO

1

EL PRÓXIMO GRAN EVENTO

En la casa de mi Padre muchas moradas hay, si así no fuera, yo os lo hubiera dicho; voy pues a preparar lugar para vosotros. Y si me fuere y preparare lugar, vendré otra vez, y os tomaré a mí mismo, para que donde yo estoy, vosotros también estéis (Juan 14:2-3).

Jesús había cumplido con la misión para la cual vino a este mundo. Habían pasado cuarenta días de su impresionante resurrección. Durante este tiempo se había aparecido a muchas personas. Primero a María Magdalena (Marcos 16:9-11); luego a dos de sus discípulos en el camino a Emaús (Lucas 24:13-35); después a diez de sus discípulos (Lucas 24:36-49); luego a Tomás, quien no había creído la noticia que le dieron de la resurrección del Maestro (Juan 20:24-29). Finalmente se le apareció a siete de sus discípulos, que habían decidido regresar al viejo trabajo de la pesca, a quienes, después de una larga noche sin resultados, les dio orden de echar las redes al otro lado de la barca. Al obedecer, la barca se les llenó de peces y ellos reconocieron quién era el que les hablaba.

Luego se tomó un tiempo para restaurar a Pedro, quien se sentía culpable por haberle negado en el momento más duro, y también para declarar que Juan no vería la muerte hasta que se le hubiera revelado lo que acontecería en el futuro (la revelación del Apocalipsis). Todo esto tuvo como propósito principal el enseñar públicamente su resurrección. Él sabía que los principales de los judíos y el Sumo Sacerdote Anás y Caifás harían todo lo posible por convencer al pueblo de que su resurrección no había tomado lugar.

La hora de partir había llegado. Jesús había pasado los últimos tres años y medio de su vida terrenal caminando con sus discípulos e impartiendo en ellos sus enseñanzas. Había cumplido con lo que les prometió, que resucitaría al tercer día, y se había aparecido a ellos en distintos momentos para mostrarles que era real; tan real que cuando se le apareció a Tomás le invitó a tocar las heridas de sus manos, meter allí sus dedos y también la mano en su costado. Ahora, era tiempo de hacer lo que les había anoticiado con anterioridad, ir a preparar sus moradas en la casa del Padre.

De manera que los llevó hasta un lugar donde en muchas ocasiones habían compartido juntos, este era el monte de los Olivos, y allí sostuvo su última conversación con ellos. Ahí se albergaban muchísimos recuerdos: Jesús les había anunciado la destrucción del templo; se había sentado a contemplar la ciudad de Jerusalén y sabiendo lo que habría de acontecer, lloró sobre ella. Después de la última cena, Él fue a este monte y entró en el área del Getsemaní, en donde clamó a su Padre y profundamente angustiado llegó a sudar grandes gotas de sangre. En esta ocasión, les llevó hacia el lado oriental del monte, cerca de Betania. Cuando llegaron, ellos le preguntaron acerca de los tiempos y el cumplimiento de todas las cosas de las cuales Él les había hablado, a lo cual Jesús les respondió:

No os toca a vosotros saber los tiempos o las sazones, que el Padre puso en su sola potestad; pero recibiréis poder, cuando haya venido sobre vosotros el Espíritu Santo, y me seréis testigos en Jerusalén, en toda Judea, en Samaria, y hasta lo último de la tierra. (Hechos 1:7-8).

Y luego, la Palabra de Dios relata los acontecimientos de la siguiente manera:

Y habiendo dicho estas cosas, viéndolo ellos, fue alzado, y le recibió una nube que le ocultó de sus ojos. Y estando ellos con los ojos puestos en el cielo, entre tanto que él se iba, he aquí se pusieron junto a ellos dos varones con vestiduras blancas, los cuales también les dijeron: Varones galileos, ¿por qué estáis mirando al cielo? Este mismo Jesús, que ha sido tomado de vosotros al cielo, así

11

vendrá como le habéis visto ir al cielo (Hechos 1:9-11).

En este momento, Dios Padre envió dos ángeles con un mensaje específico para aquellos hombres que aún estaban perplejos al ver cómo el Señor Jesús era recibido en el cielo en una nube. Este mensaje fue la confirmación de la promesa que el mismo Jesús les había dado previamente, la cual citamos anteriormente en Juan 14:2-3: Y si me fuere y os preparare lugar, vendré otra vez, y os tomaré a mí mismo [...]

Más adelante, en su Palabra, Dios nos habla a través del apóstol Pablo sobre esto:

Tampoco queremos, hermanos, que ignoréis acerca de los que duermen, para que no os entristezcáis como los otros que no tienen esperanza. Porque si creemos que Jesús murió y resucitó, así también traerá Dios con Jesús a los que durmieron en Él. Por lo cual os decimos esto en palabra del Señor: Que nosotros que vivimos, que habremos quedado hasta la venida del Señor, no precederemos a los que durmieron. Porque el Señor mismo con voz de mando, con voz de arcángel, y con trompeta de Dios, descenderá del cielo; y los muertos en Cristo resucitarán primero. Luego nosotros los que vivimos, los que hayamos quedado, seremos arrebatados juntamente con ellos en las nubes para recibir al Señor en el aire, y así estaremos siempre con el Señor. Por tanto, alentaos los unos a los otros con estas palabras (I Tesalonicenses 4:13-18).

Es interesante el poder recalcar que en el pasaje citado, de Hechos 1:9-11, los ángeles dijeron: «Así vendrá como le habéis visto ir al cielo»; y Él había sido recogido en una nube. ¡Ellos lo vieron irse en esa nube! Aquí, en este pasaje de 1 Tesalonicenses, dice que Él descenderá del cielo y que nosotros seremos arrebatados en las nubes, para encontrarnos con Él, allí en el aire. Él no será visto, nadie lo verá. En esta ocasión viene tal como Él mismo lo dijo:

Pero sabed esto, que si el padre de familia supiese a qué hora el ladrón habría de venir, velaría, y no dejaría minar su casa. Por tanto, también vosotros estad preparados; porque el Hijo del Hombre vendrá a la hora que no pensáis (Mateo 24:43-44).

Él vendrá como ladrón en la noche, repentinamente. Tal como se establece en el pasaje anterior, no habrá aviso previo, nadie nos llamará por teléfono para decirnos que no olvidemos que esta noche o que mañana por la mañana sonará la trompeta. Tampoco será dicho en los noticieros la noche antes. Simplemente tenemos que estar preparados para ese momento.

Debemos también saber, con toda claridad, que en esta ocasión Jesús viene a llevar a un grupo de personas. A este grupo se lo conoce como «la iglesia de Cristo», «el cuerpo de Cristo» o «la novia». Este grupo estará conformado por personas que en algún momento en sus vidas experimentaron un encuentro personal con Jesús de Nazaret y que creyeron que Él es el Hijo de Dios; Dios mismo hecho hombre, y que vino a este mundo con un propósito bien específico: ¡buscar y salvar lo que se había perdido! Para ello entregó su vida voluntariamente en la cruz del calvario; allí derramó su sangre, la cual es poderosa para limpiarnos de todo pecado.

Viene por las personas que han reconocido que no es el frecuentar una iglesia lo que las lleva al cielo; que no le han buscado porque tienen algún interés de que Él les solucione un problema; sino más bien que reconocen y han comprendido que Jesús no tenía que hacer nada de lo que hizo y que solo fue por amor.

Cuando comprendemos esta verdad, y que no existe en toda nuestra vida una decisión más sabia ni más importante que pudiésemos tomar que la de entregarle nuestras vidas, hemos llegado a comprender la profundidad de su amor, y por lo tanto damos oído a su voz que nos invita, en Apocalipsis 3:20, a abrirle la puerta de nuestro corazón y nos promete entrar y desarrollar una relación íntima con cada uno de nosotros. Toda persona, así como dice el Evangelio:

Más a todos los que le recibieron, a los que creen en su nombre, les dio potestad de ser hechos hijos de Dios (Juan 1:12).

Aquí se establece muy claro que únicamente aquellos que le han recibido en sus corazones vienen a ser sus hijos, su cuerpo, su iglesia.

[...] Y lo dio por cabeza sobre todas las cosas a la iglesia, la cual es su cuerpo [...] (Efesios 1:22-23).

Él es la cabeza, la iglesia es su cuerpo; Él es el novio, la iglesia es la novia.

A fin de presentársela a sí mismo, una iglesia gloriosa, que no tuviese mancha ni arruga ni cosa semejante, sino que fuese santa y sin mancha (Efesios 5:27).

¡Qué feo y desagradable debe ser el ver a una novia el día de su boda con un vestido que ha dejado de ser blanco y está lleno de manchas, todo desgarrado y sucio! Toda la belleza, el símbolo de pureza y ternura desaparece al llevar un vestido en esas condiciones. De igual manera es con la iglesia, la novia de Cristo. El novio demanda que ella salga a su encuentro vestida impecablemente, sin mancha ni arruga.

Durante mis años de estudio en la escuela bíblica hice una pregunta a una persona, y esta fue: «¿En el arrebatamiento, se van todos los que asisten a una iglesia o se quedarán algunos?» La respuesta fue: «Él viene a recoger su cuerpo y no va a dejar miembros regados en ninguna parte».

Esta tal vez podrá ser una respuesta lógica; pero no es lo que dice la Biblia. Creo que más bien es una respuesta muy cómoda para aquellos que buscan un pretexto para pecar o vivir la vida cristiana a su manera. Cualquiera puede decir que es cristiano; pero Jesús dijo: *«Por sus frutos los conoceréis».* La Palabra de Dios establece que nada inmundo entrará en el reino de los cielos (Efesios 5:5).

Es una posición muy cómoda decir que todo el mundo se irá, y esa posición le puede gustar y caer bien a mucha gente; sin embargo, esta puede guiar al pueblo de Dios al libertinaje y a vivir vidas mediocres y sucias delante del Padre. Lo cierto es que, la Biblia enseña que nosotros somos responsables de cuidar que nuestras vidas estén sin mancha.

Recibiendo el galardón de su injusticia, ya que tienen por delicia el gozar de los deleites cada día. Estos son inmundicias y manchas, quienes aún mientras comen con vosotros, se recrean en sus errores (2 Pedro 2:13).

De acuerdo a este versículo, si yo trato de vivir mi vida cristiana gozando cada día de los deleites y placeres de la carne, automáticamente me convierto en inmundicia y mancha en el vestido de la novia; y Él viene a recogerla totalmente pura. En conclusión, la Biblia declara enfáticamente que aquellos que sean manchas en el cuerpo no se van en el arrebatamiento.

Ahora bien, ¿significa esto que Dios me está exigiendo que yo nunca peque? De ninguna manera. Dios conoce mis limitaciones y mis fallos y Él mismo declara en su Palabra que aquel que dice que no tiene pecado es un mentiroso, y la verdad no está en él (I Juan 1:8). Todos pecamos y todos fallamos, pero existe una enorme diferencia entre fallar y ofender a Dios a causa de mis imperfecciones y el vivir una vida de pecado deliberadamente y abusando de la gracia de Dios. Caí en pecado, ofendí a mi Dios, estoy consciente de ello; pero, ¿me deleito en el pecado y continúo haciéndolo?, ¿no hay un arrepentimiento?, ¿no hay un deseo de cambio?

16

La Palabra de Dios también declara que es aquel que confiesa y se aparta el que alcanza la misericordia de Dios (Proverbios 28:13).

Si confesamos nuestros pecados, él es fiel y justo para perdonar nuestros pecados, y limpiarnos de toda maldad (I Juan 1:9).

En este versículo encontramos dos expresiones claves:

1. **Perdonar**: En el griego original es la palabra *«aphiēmi»*, que quiere decir: poner a un lado, dejar ir o enviar fuera.

Esto me enseña que cuando Dios perdona un pecado u ofensa, Él pone o envía esa ofensa fuera de su relación conmigo.

2. **Limpiarnos**: En el griego original es la palabra *«katharizō»*, que quiere decir purificar. Su sangre me limpia, me purifica, borra completamente el pecado y lo pone fuera de mi vida.

Para que este proceso tome lugar es indispensable que la confesión vaya siempre acompañada por un arrepentimiento sincero. Este arrepentimiento produce una profunda vergüenza de lo que he hecho, hace que me sienta asqueado por el pecado que he cometido, deseando dar un vuelco de 180 grados en esa área para alinearme y rendirme a lo que Dios ordena. Me hace ser profundamente consciente de que soy indigno de recibir su perdón y que no lo merezco; por lo tanto, vengo delante de su presencia humillado, clamando que su sangre me limpie y borre mi maldad y mi pecado.

¡Gloria sea a su nombre ya que Él es fiel y justo y me perdona y me limpia, aunque no lo merezco!

De manera que, es nuestra responsabilidad el mantenernos buscando incesantemente que nuestras vidas estén limpias y presentables delante del Señor, puesto que, **únicamente aquellos que tengan sus oídos limpios y entrenados a oír al Espíritu de Dios, oirán el toque de la trompeta, el *shofar*, que sonará en el instante previo al arrebatamiento de la iglesia.**

Este es el próximo gran evento, el cual tomará lugar en cualquier momento, «como ladrón en la noche».

¿CÓMO SUCEDERÁ EL ARREBATAMIENTO EXACTAMENTE?

Entonces estarán dos en el campo; el uno será tomado, y el otro será dejado. Dos mujeres estarán moliendo en un molino; la una será tomada, y la otra será dejada. Velad, pues, porque no sabéis a qué hora ha de venir vuestro Señor (Mateo 24:40-42).

Sucederá exactamente de acuerdo al relato de nuestro Señor Jesús. De dos, o cinco, o diez o cualquier cantidad que estén trabajando, caminando, durmiendo, comiendo, divirtiéndose en un parque juntos; algunos serán tomados y otros serán dejados.

Esto precisamente respalda lo que mencioné anteriormente: «no todos se irán» y de cada uno de nosotros depende el irnos en al arrebatamiento en aquel glorioso día.

Velad –dijo el Señor–, porque no sabéis el día ni la hora en que vendré a llevarlos conmigo (Mateo 24:42).

¿CUÁLES SON LAS SEÑALES QUE ME INDICAN LA PROXIMIDAD DE ESTE EVENTO?

De acuerdo con las enseñanzas de nuestro Señor Jesucristo, las señales que anuncian la proximidad del arrebatamiento de la iglesia son las siguientes:

Mirad que nadie os engañe. Porque vendrán muchos en mi nombre, diciendo: Yo soy el Cristo; y a muchos engañarán (Mateo 24:4-5).

Y oiréis de guerras y rumores de guerras; mirad que no os turbéis, porque es necesario que todo esto acontezca; <u>pero aún no es el fin</u>. Porque se levantará nación contra nación, y reino contra reino; y habrá pestes, y hambres, y terremotos en diferentes lugares. <u>Y todo esto será principio de dolores</u> (Mateo 24:6-8).

Mas como en los días de Noé, así será la venida del Hijo del Hombre. Porque como en los días antes del diluvio estaban comiendo y bebiendo, casándose y dándose en casamiento, hasta el día en que Noé entró en el arca, y no entendieron hasta que vino el diluvio y se los llevó a todos, así será también la venida del Hijo del Hombre (Mateo 24:37- 39).

Desarrollaré estas aseveraciones de nuestro Señor Jesús, una por una.

19

1. *«Mirad que nadie os engañe».*

No es nada nuevo; hace ya varios años que venimos presenciando este tipo de brotes de personas que se levantan tratando de imitar las obras de nuestro Señor Jesús y que, funcionando bajo una manipulación satánica, dicen ser el Cristo. El propósito de esto es claro, Satanás siempre ha tratado de confundir y engañar a la gente.

2. *«Oiréis de guerras y rumores de guerras».*

Esto es algo que estamos viendo constantemente. Guerras y rumores de ellas (principios de dolores); no solamente entre naciones, sino también guerras internas. Podemos citar: la guerra contra Irak, siendo esta ya la segunda guerra contra el mismo país; la guerra de las Malvinas, entre Argentina y la Gran Bretaña; las constantes e incesantes batallas entre judíos y palestinos; guerras internas como la de El Salvador, la guerrilla protagonizada por el rebelde «Sendero luminoso» en Perú, la narco-guerrilla en Colombia y la crisis en Venezuela que, sin ser oficialmente una guerra civil, ha traído un terrible derramamiento de sangre.

3. *«Habrá pestes, hambres, y terremotos».*

Estas tres situaciones están sucediendo de una manera muy marcada durante las últimas décadas.

Pestes: De manera más frecuente, vemos brotes de epidemias y enfermedades raras han azotado a nuestra humanidad, para las cuales, la ciencia ni remotamente encuentra la cura.

Hambre: Hoy, más que nunca antes en la historia del ser humano, estamos viendo naciones que se hunden en el hambre y la miseria.

Terremotos: ¿Cuántos hemos visto en los últimos años? En Japón, en Turquía, en El Salvador, en Perú, en Chile, en Nicaragua, en California, en Asia (el cual ha afectado a varias naciones de esa región y que es considerado como el desastre natural más grande de su década), Haití, entre otros. En relación al terremoto de Asia, esta ocasión en particular ha provocado un fenómeno que aporta hacia el cumplimiento de una profecía dada por nuestro Señor Jesús.

Porque habrá entonces gran tribulación, cual no la ha habido desde el principio del mundo hasta ahora, ni la habrá. Y si aquellos días no fuesen acortados, nadie sería salvo; mas por causa de los escogidos, aquellos días serán acortados (Mateo 24:21-22).

Cuando nuestro Señor Jesucristo habló en este versículo de que los días serán acortados, Él usó la palabra *«kŏlŏbŏŏ»* en griego, que quiere decir **«reducir», «quitar» o «restar»**. Lo cual significa que en los últimos tiempos los días serán reducidos. Eso no indica que tendrán veintitrés o veintidós horas solamente, de ninguna manera. Es algo un poco más complejo, pero las mismas veinticuatro horas serán simplemente más cortas de que lo que eran antes.

Diversos estudios científicos demuestran que lo que en realidad sucede es que cada vez que el planeta Tierra es azotado por un terremoto, se produce un pequeño desplazamiento en su eje, lo cual reduce levemente la duración del día. Si tomamos como ejemplo el terremoto de Indonesia, en esa ocasión el «medio del Polo Norte» se movió aproximadamente 2.5 centímetros (1 pulgada) o 145° en dirección a la Longitud Este. El terremoto masivo de la costa oeste de Indonesia, el 26 de diciembre de 2004, registró una magnitud de 9 puntos en la nueva escala «moment» (la escala modificada de Richter), que indica el tamaño de los terremotos. Ha sido el cuarto terremoto más grande en cien años y el más grande desde 1964 en *Prince William Sound*, en Alaska.

Esto produjo una disminución de 2.68 microsegundos en el largo del día. Hablando físicamente, es algo similar a lo que hace un patinador, que da vueltas pegando los brazos a su cuerpo, causando de esta manera el dar vueltas más rápido. El terremoto también afectó la forma de la Tierra; produciendo que el aplastamiento de ella (llano en la parte alta y protuberante en el Ecuador) haya disminuido por una pequeña cantidad, continuando de esta manera la tendencia producida por terremotos anteriores y haciendo que esta sea menos aplastada.

Si tienes interés en adquirir mayor información, existen lugares, como en la misma página oficial de la NASA, en donde se puedes encontrar artículos muy interesantes e instructivos.

Compartía esto con mi esposa y hablábamos de la realidad de la veracidad de la Palabra de Dios. La Biblia no falla, no en vano Jesús dijo:

El cielo y la tierra pasarán, pero mis palabras no pasarán (Mateo 24:35).

De manera que yo pregunto: **¿será que el toque de la trompeta está muy cercano?**

4. Más como en los días de Noé [...].

Cuando Dios llamó a Noé, le instruyó para que construyera un arca de acuerdo a especificaciones dictadas por Él mismo. Noé le creyó a Dios y fue obediente no solo su llamado, sino también a las medidas y los detalles que Dios instruyó para la construcción del arca. A Noé le tomó ciento veinte años construirla; y durante todo ese tiempo estuvo predicando la llegada del diluvio.

Es evidente que nadie le escuchó, puesto que nadie se salvó del diluvio. Los únicos que entraron en el arca, porque creyeron a la noticia de Dios, fueron Noé, su mujer, sus tres hijos y las mujeres de estos. Todo el mundo estaba ocupado, tal como dijo el Señor: «Casándose y dándose en casamiento» ¡Ocupados en sus propios asuntos! Demasiado como para detenerse a oír a un viejo, que lo más probable creían loco, y que se había metido en un proyecto que tal vez se moriría sin acabarlo.

Así mismo acontecerá —dijo el Señor—, con la venida del Hijo del Hombre.

En realidad, el arca es un prototipo del arrebatamiento de la iglesia. Dios llamó a Noé y le encargó su construcción y esta debía cumplir con estrictas instrucciones que Dios le impartió; por ejemplo, el arca debía tener una sola puerta y una sola ventana. De igual manera sucede con la iglesia.

La Palabra de Dios contiene instrucciones específicas de cómo debe levantarse el cuerpo de Cristo como un edificio sólido. Cada miembro del cuerpo tiene que cumplir con las instrucciones dadas por Dios de cómo conducir su vida diariamente, ya que la vida cristiana no es una religión, es más bien una relación diaria y personal con Jesús de Nazaret.

- **Tiene una sola puerta.**

La iglesia, al igual que el arca, tiene una sola puerta: ¡Jesús!

Yo soy la puerta; el que por mí entrare, será salvo [...] (Juan 10:9).

Y en ningún otro hay salvación; porque no hay otro nombre debajo del cielo, dado a los hombres, en que podamos ser salvos (Hechos 4:12).

- **Tiene una sola ventana.**

En el arca, la ventana se usó para enviar una paloma, la cual, al no regresar, dejó saber la buena noticia de que ya habían reposado en tierra seca (Génesis 8:8-12). En la iglesia, la ventana es el Espíritu Santo, quién curiosamente es simbolizado por una paloma. Cuando Jesús recibió el bautismo del Espíritu Santo, al salir del Jordán, después de haber sido bautizado en aguas por Juan el Bautista, el Espíritu Santo descendió sobre Él en forma de paloma. El Espíritu Santo es la ventana que nos permite ver con toda claridad y nos revela la noticia del Evangelio de Jesucristo. Es a través de esa ventana que yo puedo ver y comprender lo que antes no veía ni comprendía.

Para que el Dios de nuestro Señor Jesucristo, el Padre de gloria, os dé espíritu de sabiduría y de revelación en el conocimiento de él, <u>alumbrando</u>

los ojos de vuestro entendimiento, para que sepáis cuál es la esperanza a que él os ha llamado, y cuáles las riquezas de la gloria de su herencia en los santos, y cuál la supereminente grandeza de su poder para con nosotros los que creemos, según la operación del poder de su fuerza (Efesios 1:17-18).

El Espíritu de sabiduría y de revelación no es algún espíritu raro o diferente. Es más bien una manifestación del Espíritu Santo, el cual se derrama en sabiduría y revelación y abre aquella ventana que yo necesito para poder ver y comprender con claridad y penetrar en las profundidades de las riquezas del Evangelio de Cristo.

Finalmente, de la misma manera en que el arca de Noé se elevó en las aguas del diluvio y Dios cerró la puerta y ya nadie la pudo abrir y todo aquel que no creyó se murió ahogado, así también la iglesia de Cristo se elevará en las nubes al sonido de la trompeta (el shofar).

Y esperar de los cielos a su Hijo, al cual resucitó de los muertos, a Jesús, quien nos libra de la ira venidera (1 Tesalonicenses 1:10).

Al igual que la puerta del arca fue cerrada por Dios y nadie la pudo abrir hasta que el arca reposó de nuevo sobre tierra seca, así, al tomar lugar el arrebatamiento de la iglesia, la puerta de la era de la gracia será cerrada por Dios y todo aquel que ha estado demasiado ocupado para dar oído a Dios y a su Hijo Jesús se quedará en esta tierra y tendrá que entrar en una nueva etapa, la cual explicaré en el siguiente capítulo.

CAPÍTULO

2

TRIBULACIÓN
(I PARTE)

Porque habrá entonces gran tribulación, cual no la ha habido desde el principio del mundo hasta ahora, ni la habrá (Mateo 24:21).

Esta es la etapa en la cual entrarán todos aquellos que no hayan sido recogidos en el arrebatamiento de la iglesia. Sea porque siempre estuvieron demasiado ocupados como para detenerse a prestar oído al anuncio del Señor o porque fueron cristianos que se mantuvieron abusando de la gracia de Dios. Sí, una vez recibieron a Jesús en sus corazones, pero era más fácil llevar la vida cristiana camuflados para no sufrir nunca la burla de aquellos que no son creyentes. Para ellos era más fácil el vivir disfrutando cada día de los placeres de la carne, contaminados con las costumbres de la sociedad en la cual vivimos.

Que aquellos que han decidido gozar cada día de los deleites de su carne se convierten en inmundicias y manchas dentro del cuerpo (2 Pedro 2:13).

De manera que, en esta nueva etapa entrarán distintos grupos de personas:

1. Aquellos que nunca quisieron ni siquiera escuchar acerca del Evangelio de Jesucristo.

2. Aquellos que oyeron el mensaje, pero decidieron que ellos son muy buenos, que nunca le han hecho mal a nadie y por lo tanto no necesitan invitar a Jesús a sus corazones ni tampoco tienen que arrepentirse de nada.

3. Aquellos que no quisieron recibir al Señor Jesús y siempre que se les habla dicen: «Es muy bonito lo que usted me ha hablado, pero yo tengo mi religión. Nací "xx" y así moriré. Y como todas las religiones conducen a Dios, pues no necesito recibir a Jesús».

4. Aquellos a quienes siempre que se les habla del sacrificio de Jesús, dicen: «Es que no estoy listo para recibirlo».

5. Aquellos que dicen: «Eso es muy bonito, pero yo no sirvo para fanático ni para estar metido en una iglesia».

6. Aquellos que usan una iglesia para aparentar una vida santa, la cual en verdad no viven. En vez de ser santos (que llevan al Santo dentro de ellos y practican la vida del Hijo de Dios) son más bien santurrones (santidad plástica, no genuina).

7. Aquellos que pretenden quedar bien con Dios y con el mundo. Viven una doble vida: asisten a la iglesia buscando cumplir con Dios, aprenden el lenguaje cristiano y lo repiten siempre; pero de la puerta de la iglesia hacia fuera, sus vidas les pertenecen a ellos y las viven como mejor les parece, sin darse cuenta que se están engañando a sí mismos al estar viviendo una falsedad (ni muy afuera que me congele, ni muy adentro que me queme).

¿Será que no han leído que el Señor dice en su Palabra que los tibios serán vomitados de su boca (Apocalipsis 3:15-16)? ¿Y qué es lo que sale por la boca? Lo que está dentro del cuerpo. Esto deja ver claramente que los que sean vomitados es porque están dentro del cuerpo. Yo no sé tú, querido lector, pero yo prefiero estar bien caliente, bien encendido en el fuego del Santo Espíritu de Dios a tener que convertirme, de un rato para otro, en una bocanada de vómito, después de haberme pasado tantos años metido en una iglesia jugando al religioso.

Curiosamente, este pasaje, en donde se encuentran estos dos versículos de Apocalipsis, en el capítulo 3 que acabo de citar; es una de las siete cartas dictadas por el propio Señor Jesús al apóstol Juan para que fueran enviadas a las siete iglesias que se encontraban en Asia Menor, Éfeso, Esmirna, Pérgamo, Tiatira, Sardis, Filadelfia y Laodicea.

Este mensaje en particular fue enviado a la iglesia de Laodicea, ya que el problema allí era que sus miembros estaban confiando en sus riquezas. Decían: «Nos hemos hechos ricos, hemos adquirido riquezas y no necesitamos de nada más». Amaban sus riquezas, confiaban en ellas y hacían alarde de lo que tenían. Pero, ¿qué les dice el Señor?: «Qué equivocados están ustedes confiando en sus riquezas y creyendo que no tienen necesidad de nada. ¿No saben que ustedes son unos desventurados, miserables, pobres, ciegos y desnudos? ¿Quieren ser verdaderamente ricos? ¿Desean experimentar la verdadera riqueza? Yo les aconsejo que adquieran de mí: oro refinado en fuego (santidad), vestiduras blancas para vestirse y que no se descubra vuestra desnudez, y ungir sus ojos con colirio para que puedan ver».

¡Esta es la verdadera riqueza! Y existe una sola forma de poder adquirir estos tesoros que son altamente más valiosas que todo el dinero del mundo: ¡Dejar que el Señor Jesús viva su vida a través de mí! No es el asistir a 'x' o 'y' iglesia o el ser parte de una denominación lo que me da esta riqueza¬ —la riqueza del Señor—, es más bien el vivir día a día y momento a momento una relación personal con Cristo Jesús, muriendo a mí mismo y a mis caprichos de niño malcriado, para permitirle a Él crecer en mí y manifestar su vida y su gloria a través de mi persona.

Debo hacer la aclaración de que el mensaje dado por Dios aquí no quiere decir que es malo poseer riquezas, ni tampoco que es la voluntad de Dios que yo viva una vida de miseria, financieramente hablando, ni que vista con ropa rota o que tenga un carro que el ochenta o noventa por ciento del tiempo tengo que estar empujándolo. ¡De ninguna manera! Dios sí quiere que yo, como su hijo que soy, tenga una vida próspera y que disfrute de su abundancia.

Amado, yo deseo —es imposible que Dios desee algo que no sea su voluntad— que tú seas prosperado en todas las cosas y que tengas salud, así como prospera tu alma (3 Juan 1:2).

De modo que, no es que Dios esté en contra de que sus hijos sean prósperos y tengan riquezas. Nuestro padre Abraham, declara la Palabra en Génesis 13:2, era riquísimo en ganado, en plata y en oro, y fue el instrumento que Dios usó para sacar de sus lomos a la nación de la cual saldría el Salvador del mundo. El problema no es poseer riquezas, el problema es más bien que las riquezas me posean a mí.

La raíz de todos los males es el amor al dinero (I Timoteo 6:10).

En cuanto yo coloco las riquezas en el lugar que le corresponde a Dios y deposito mi confianza en ellas en vez de hacerlo en Él, así como lo hizo la iglesia de Laodicea, me vuelvo una persona fría e insensible para con Dios y dura para con mis semejantes, y además cometo pecado de idolatría.

Concluyo estableciendo y enfatizando esta verdad:

Dios quiere que yo, su hijo, sea próspero, tome y posea de sus riquezas. Pero Él desea que yo maneje sus riquezas para beneficio del establecimiento de su Reino

en esta tierra. Lo que Él no quiere es que yo invierta los valores y permita que las riquezas me posean y me manejen a mí. Eso sí está en contra de su corazón.

Ahora, quiero invitarte a que entremos en lo que verdaderamente quiero tratar en este capítulo, y es el siguiente evento, el cual ya mencioné al comienzo del mismo:

Una tribulación cual nunca la ha habido antes, ni la habrá en esta tierra (Mateo 24:21).

¿Qué es en sí la tribulación? ¿Cuánto tiempo durará? ¿Qué tipo de gobierno regirá a las naciones durante estos años? ¿Qué cosas sucederán durante este tiempo? ¿Habrá alguna esperanza para aquellos a quienes les toque vivir toda esta angustia? ¿Cómo culminará este periodo de tiempo? Trataré por todos los medios de desarrollar cada uno de estos puntos de la manera más clara, acertada y correcta; pero a la vez sencilla y fácil de comprender para tu beneficio.

¿QUÉ ES LA TRIBULACIÓN?

La tribulación será un periodo de tiempo por el cual pasarán los habitantes de la tierra (obviamente aquellos que no se hayan ido en el arrebatamiento). Este estará caracterizado por grandes y extraordinarios acontecimientos, los cuales de una manera muy marcada dejarán pruebas indubitables del cumplimiento de las profecías establecidas en la Palabra de Dios.

Durante este periodo de tiempo, básicamente la tierra será sacudida por:

1. Los juicios de Dios que serán derramados sobre aquellos que rechazaron abiertamente la gracia de Dios, el regalo del sacrificio de Jesús, al igual que aquellos que abusaron de ella.

2. Por la furia de Satanás, que se manifestará a través del régimen gobernante durante ese periodo de tiempo.

¿QUÉ DURACIÓN TENDRÁ ESTE PERIODO?

El periodo de la tribulación tendrá una duración de siete años y básicamente se divide en dos etapas. La primera, de tres años y medio, que culminará con la abominación desoladora mencionada en Daniel 9:27. La segunda etapa será también de tres años y medio.

> *En aquel tiempo se levantará Miguel, el gran príncipe que está de parte de los hijos de tu pueblo; y será tiempo de angustia, cual nunca fue desde que hubo gente hasta entonces [...] Y oí al varón vestido de lino, que estaba sobre las aguas del río, el cual alzó su diestra y su siniestra al cielo, y juró por el que vive por los siglos, que será por tiempo, tiempos, y la mitad de un tiempo. Y cuando se acabe la dispersión del poder del pueblo santo, todas estas cosas serán cumplidas (Daniel 12:1-7).*

En este pasaje, tiempo equivale a un año; tiempos a dos años y la mitad de un tiempo a medio año.

Tiempo = 1 + Tiempos = 2 + Mitad de un tiempo = ½   TOTAL = 3 ½ años.

Y daré a mis dos testigos que profeticen por mil doscientos sesenta días, vestidos de cilicio (Apocalipsis 11:3).

Y la mujer huyó al desierto, donde tiene lugar preparado por Dios, para que allí la sustenten por mil doscientos sesenta días (Apocalipsis 12:6).

En las dos porciones anteriores, mil doscientos sesenta días equivalen a tres años y medio.

También se le dio boca que hablaba grandes cosas y blasfemias; y se le dio autoridad para actuar cuarenta y dos meses (Apocalipsis 13:5).

Al igual que en los anteriores pasajes, aquí cuarenta y dos meses equivalen a tres años y medio.

¿QUÉ TIPO DE GOBIERNO REGIRÁ A LAS NACIONES DURANTE ESTOS SIETE AÑOS?

El gobierno que regirá al mundo durante estos siete años es conocido como el gobierno del anticristo.

¿QUIÉN ES EL ANTICRISTO?

Probablemente por cientos de años se ha presentado y se ha enseñado al anticristo simplemente como una persona; pero el anticristo, de acuerdo a la enseñanza del apóstol Juan, es en sí un espíritu satánico (1 Juan 2:18-23). El apóstol Pablo dice que:

Ya está en acción el misterio de la iniquidad (2 Tesalonicenses 2:7).

Este espíritu del infierno ha venido trabajando ya por siglos en diferentes maneras. Juan dice que han surgido muchos anticristos y que todo aquel que niega que Jesús es el Cristo, es un anticristo. Dice que el que niega al Hijo también está negando al Padre. Se ha manifestado a través de sectas falsas, las cuales niegan que Jesús es Dios, o que Jesús es el Hijo de Dios, o que el Espíritu Santo es Dios; porque el que niega a uno, niega automáticamente a los tres. El mismo apóstol Juan nos enseña:

[...] No los recibáis en casa, ni le digáis: ¡bienvenido! (2 Juan 1:10).

También, al pasar del tiempo, este espíritu se ha manifestado a través de gobernantes que han tratado de tomar control de las demás naciones, siendo su más profundo deseo en realidad controlar el mundo entero; pero no pudieron obtener lo deseado, puesto que Aquel que tiene más poder que ellos no se los ha permitido. Es más, este espíritu ha estado funcionando dentro de un sistema organizado, el cual está ya establecido por más de un siglo. Este sistema es el que ha venido preparando el camino para la llegada de este gobernante, al cual se le conoce también en las escrituras como el hombre de pecado, el hijo de perdición y el inicuo, quien es una obra directa del mismo Satanás (2 Tesalonicenses 2:3-9).

Este sistema, el cual es dirigido y orquestado en un cien por ciento por el espíritu del anticristo, **tendrá su manifestación máxima** durante estos siete años y a través de este gobernante, el cual a su vez será posicionado en su cargo por el mismo sistema.

Pero este gobierno no llegará sin previo aviso; hay por lo menos tres acontecimientos que señalan visiblemente la proximidad de la llegada de este sistema:

1- EL MISTERIO DE LA INIQUIDAD.

La iniquidad es en sí la condición de un corazón que no es recto delante de Dios. En el Salmo 58:2, se señala la iniquidad como la condición interna del corazón del hombre, un corazón torcido, un corazón duro e insensible para con Dios.

En 2 Tesalonicenses 2:7, el Espíritu Santo declara, a través del apóstol Pablo, que ya está en acción el misterio de la iniquidad. Este misterio ha ido en crecimiento a través de los siglos y llegará a su clímax con la manifestación del hombre de pecado, el inicuo, quien llegará con su iniquidad al máximo del ridículo, pretendiendo hacerse pasar por Dios y exigir la adoración de los pueblos.

2- LA APOSTASÍA.

La palabra apostasía significa «caída», «abandono», «desprenderse», «volverse atrás» o «recaer».

Por años ha existido una gran diferencia de opiniones y enseñanzas acerca de este tema. Los que combaten la enseñanza de la apostasía, argumentan que aquellos que recibieron a Jesús en su corazón no perderán su salvación jamás, porque Dios no quitará algo que regaló al hombre. Esta enseñanza desgraciadamente ha desarrollado una actitud y proceder de libertinaje y abuso de la gracia de Dios dentro de su pueblo.

Existe una alta porción de personas dentro del pueblo cristiano que toman la vida cristiana, la relación con Dios, de una manera liviana y sin ninguna responsabilidad. Incluso, y es muy triste tener que decir que, hoy por hoy, hay iglesias que han desarrollado doctrinas de enseñanza como: «Salvos, siempre salvos» y «Creciendo en gracia», que contienen una altísima cantidad de veneno espiritual en su doctrina. Enseñan al pueblo que lo que yo haga aquí ya no tiene importancia, porque ya soy salvo y voy al cielo de todas maneras.

En otras palabras, si mi espíritu está salvo, lo que yo haga con mi cuerpo no tiene ninguna importancia. Entonces se permite la fornicación, el adulterio, la drogadicción, el alcoholismo, el homosexualismo y cualquier otra conducta semejante. Ignoran por completo que la Palabra de Dios nos llama a la santificación.

Santificarse significa purificarse y la Palabra de Dios nos enseña lo siguiente con relación a la santificación:

Santificaos, pues, y sed santos, porque yo Jehová soy vuestro Dios (Levítico 20:7).

Pues la voluntad de Dios es vuestra santificación; y que os apartéis de fornicación (1 Tesalonicenses 4:3).

Según nos escogió en él antes de la fundación del mundo, para que fuésemos santos y sin mancha (Efesios 1:4).

Si no, como aquel que os llamó es santo, sed también vosotros santos en toda vuestra manera

*de vivir. Porque escrito está: Sed santos, porque
yo soy santo (1 Pedro 1: 15, 16).*

Creo que la Palabra de Dios es clara y se manifiesta
en sí misma; estamos llamados a la santificación y la
vida cristiana no puede ni debe ser tomada livianamente.
Esta establece claramente que una de las señales claras
de la proximidad del establecimiento del gobierno del
anticristo es la apostasía.

Ahora bien, habiendo hecho la explicación
correspondiente, deseo ahondar en este tema, porque
la otra cara de la moneda es que también ha existido
una enseñanza exagerada de lo que es la apostasía, la
cual ha sembrado un pánico impresionante en algunas
porciones del pueblo cristiano y le ha llevado, a través
de ella, a seguir al Señor con miedo, viendo en todas
las esquinas a un Dios ogro, monstruoso, con una
enorme tijera en la mano tratando de cortar la salvación
de sus hijos por cualquier tontería. En otras palabras,
mi salvación está pendiendo en un hilo y en cualquier
momento me la cortan.

La apostasía no es una situación que se produce
de un día para otro. Es más bien un estado extremo al cual
puede llegar un cristiano, al haber caído en pecado y no
proceder al arrepentimiento. Esta situación puede llevar
a la persona a un punto tal de endurecimiento espiritual
que llegue al extremo de rechazar voluntariamente la
salvación que una vez le fue dada. Es muy importante
entender que, <u>Dios no quita a nadie la salvación, la
misma persona la rechaza</u>.

El haber llegado al extremo de la apostasía tiene,
de acuerdo a la Palabra de Dios, una señal muy clara:

Si alguno viere a su hermano cometer pecado que no sea de muerte, pedirá, y Dios le dará vida; esto es para los que cometen pecado que no sea de muerte. Hay pecado de muerte, por el cual yo no digo que se pida. Toda injusticia es pecado, pero hay pecado no de muerte (1 Juan 5:16-17).

El pecado de muerte es el rechazo del hombre a la obra del Espíritu Santo, y la obra del Espíritu Santo es la revelación del regalo de Dios a mi corazón: ¡la salvación que Jesús proveyó en la cruz! La cual, si no es por la intervención del Espíritu de Dios, yo no la podría entender ni mucho menos hacerla mía. Dios declara en su Palabra que su Santo Espíritu es el que convence al hombre de pecado, de justicia y de juicio (Juan 16:7-11).

La obra del Espíritu Santo puede ser rechazada de dos maneras:

1- El no dar oído a la voz de Él cuando se me presenta el mensaje de salvación, y por lo tanto no recibir a Jesús en el corazón.

2-Y peor aún, cuando una persona lo recibió, disfrutó de sus beneficios y de su amor, pero luego se apartó de Dios y cayó en un proceso de enfriamiento y endurecimiento tal, que llega al extremo de rechazarlo con sus propias palabras; de la misma manera que un día lo había aceptado en su corazón (Romanos 10:9-10).

Pero les ha acontecido lo del verdadero proverbio: El perro vuelve a su vómito, y la puerca lavada a revolcarse en el cieno (2 Pedro 2:22).

Porque es imposible que los que una vez fueron iluminados y gustaron del don celestial, y fueron hechos partícipes del Espíritu Santo, y asimismo gustaron de la buena palabra de Dios y los poderes del siglo venidero, y recayeron, sean otra vez renovados para arrepentimiento, crucificando de nuevo para sí mismos al Hijo de Dios y exponiéndole a vituperio (Hebreos 6: 4-6).

La Palabra claramente se está refiriendo a cristianos que han recaído; que se han apartado o desprendido del camino; que han regresado atrás y han abandonado **de manera definitiva** el camino de Dios. Cuando la persona llega a ese extremo, el cual, como dije antes, no se produce de un día para otro, sino más bien después de haber pasado por un proceso de endurecimiento muy severo, el Espíritu Santo corta por completo todas las vías de comunicación con ella y nunca más será ministrada por Él, puesto que ha cometido el pecado de muerte.

De esto también habló Jesús, cuando dijo que el único pecado que no tiene perdón es la blasfemia contra el Espíritu Santo:

De cierto os digo que todos los pecados serán perdonados a los hijos de los hombres; y las blasfemias cualesquiera que sean; pero cualquiera que blasfeme contra el Espíritu Santo, no tiene jamás perdón, sino que es reo de juicio eterno (Marcos 3:28-29).

De manera que, la señal es clara, cuando la persona ha llegado al extremo de la apostasía se vuelve completamente insensible; nada de lo que se le pueda decir la conmoverá, justamente porque el Espíritu de Dios ya no la ministra en absoluto. Daré un ejemplo de la vida real:

En una ocasión, mi esposa asistió a una reunión de mujeres. En ese lugar se encontraba una señora, la cual, en un momento de la conversación, manifestó el hecho de que años atrás ella había sido cristiana. Esta señora argumentaba y trataba de justificar el haberse apartado del Señor por haber sido, según ella, muy lastimada en la iglesia a la cual asistía en su país. «Y por esa razón —dijo—, ahora practico la brujería y soy lesbiana. Sé muy bien lo que he hecho y sé que si en este momento muero voy al infierno, pero no quiero volver a ser cristiana». Mi esposa le dijo: «Hay algo, lo cual tú no podrás impedir, y es que yo ore por ti». Cuando esta mujer oyó las palabras de mi esposa, el Espíritu de Dios la tocó. Ella se echó a llorar y dijo: «Sí, por favor ora por mí, que lo necesito».

La reacción de esta mujer me enseña que ella no había llegado al extremo de la apostasía, puesto que el Espíritu de Dios la tocó, y a través de las palabras de mi esposa se sintió ministrada; y mientras Él siga lidiando con esa vida, todavía hay esperanza. Claramente, en el pasaje de Juan que expuse anteriormente, dice que cuando la persona llega a cometer el pecado de muerte ya no se debe orar por él o ella. Para esa persona, tristemente, ya no hay esperanza.

Sé que alguien probablemente podrá argumentar lo siguiente: **«Si la persona abandonó el Cuerpo es porque nunca fue del Cuerpo. O sea, aquellos que abandonaron, nunca habían recibido a Cristo genuinamente».** Es cierto que, dentro de la iglesia

41

cristiana hay una porción, no pequeña, de personas que creen haber recibido a Jesús en su corazón y verdaderamente nunca lo han hecho. A través de los años en el ministerio me ha tocado ministrar a personas que se encuentran presas de esta situación en particular, y después de un montón de años en la iglesia recién han venido a comprender con claridad lo que verdaderamente es la salvación y han abierto su corazón a Jesús. Sin embargo, cuando la Biblia nos habla de la apostasía, habla de personas que pertenecieron al Cuerpo, y si pertenecieron al Cuerpo es porque en un momento especifico habían recibido a Jesús en su corazón genuinamente, de otra manera, nunca habrían podido venir a ser parte de Él.

Esas personas en un momento se salieron, se desprendieron del Cuerpo. Voluntariamente rechazaron lo más valioso que un día llegaron a adquirir, su salvación. La razón por la cual el Espíritu Santo corta por completo la ministración a esas personas es porque, al haber rechazado su salvación, ellos han pisoteado la preciosa sangre del Cordero que una vez clamaron para limpieza de sus pecados. Eso, dicho por boca de nuestro Señor Jesucristo, **«no tiene jamás perdón, sino que es reo de juicio eterno».** Eso se llama **«blasfemia contra el Espíritu Santo».** «No ores más por él, ha cometido pecado de muerte —dice Juan en la Carta a los hebreos —; **es imposible que sea otra vez renovado para arrepentimiento».** Jesús no volverá a morir y derramar sangre de nuevo por esa persona.

De manera que, una de las señales claras de la proximidad del establecimiento del gobierno del anticristo es el creciente y acelerado aumento del trabajo de este espíritu del infierno, el espíritu de apostasía, el cual en los últimos tiempos estará funcionando de una manera ardua tratando de sacar del camino de Dios, de una manera definitiva, a la mayor cantidad de cristianos que le sea posible.

3- EL ARREBATAMIENTO DE LA IGLESIA

Con relación a este tema, existen tres corrientes de enseñanza. La primera enseña que la iglesia pasará los primeros tres años y medio de la tribulación aquí en la tierra. Vale decir que, de acuerdo a esta enseñanza, el arrebatamiento tomaría lugar a la mitad de los siete años de tribulación. La segunda enseña que la iglesia pasará los siete años aquí y sería levantada al finalizar ese periodo de tiempo. La tercera corriente, y en la cual me quiero concentrar, enseña que la iglesia será arrebatada antes del comienzo de los siete años de tribulación.

Creo que la Palabra de Dios es bastante clara y que tenemos buen y sólido apoyo bíblico para afirmar que el arrebatamiento será pre-tribulación.

Porque ellos mismos cuentan de nosotros de la manera en que nos recibisteis, y cómo os convertisteis de los ídolos a Dios, para servir al Dios vivo y verdadero, <u>y esperar de los cielos</u> <u>a Su</u> <u>Hijo,</u> al cual resucitó de los muertos, <u>a Jesús, quien</u> <u>nos libra de la ira venidera</u> (1 Tesalonicenses 1:9-10).

Si Él nos libra de la ira venidera, queda por sentado que, durante ese tiempo, nosotros no estaremos aquí en la tierra.

Mirad también por vosotros mismos, que vuestros corazones no se carguen de glotonería y embriagues y de los afanes de esta vida, y venga de repente sobre vosotros aquel día. Porque como un lazo vendrá sobre todos los que habitan sobre la faz de la tierra. Velad, pues, en todo tiempo <u>orando que seáis tenidos por dignos de escapar de todas estas cosas que vendrán,</u> y de estar en pie delante del Hijo del Hombre (Lucas 21:34-36).

Claramente el Señor dice en este pasaje que aquellos que permanezcan alertas, velando y orando, podrán escapar de todos los sufrimientos que vienen sobre la tierra.

Por cuanto has guardado la palabra de mi paciencia, <u>yo también te guardaré de la hora de la prueba que ha de venir sobre el mundo entero, para probar a los que moran sobre la tierra</u> (Apocalipsis 3:10).

Este es el mensaje dado por el Señor para la iglesia de Filadelfia, el modelo de la iglesia fiel. Aquella que, por encima de todas las batallas libradas, se mantuvo fiel, firme, que nunca negó al Señor ni su Palabra. La promesa del Señor le dice:

«*Yo también te libraré de la hora de la prueba*».

Esta promesa es válida para toda persona que, a pesar de las vicisitudes que enfrenta, se mantenga fiel sin dar un paso hacia atrás, poniendo en práctica, que dice:

Pero nosotros no somos de los que retroceden para perdición, sino de los que tienen fe para preservación del alma (Hebreos 10:39).

Finalmente, el pasaje más claro e importante con relación a cuándo tomará lugar el arrebatamiento de la iglesia, dice:

Porque ya está en acción el misterio de la iniquidad; solo que hay quien al presente lo detiene, hasta que él a su vez sea quitado de en medio. Y entonces se manifestará aquel inicuo, a quien el Señor matará con el espíritu de su boca, y destruirá con el resplandor de su venida (2 Tesalonicenses 2:7-8).

La Palabra de Dios establece que el anticristo no podrá entrar en acción mientras hay quien al presente lo detiene. Este **«Él»** es interpretado como el Espíritu Santo, quien está asignado por Dios Padre en esta tierra para ministrar a la iglesia de una manera constante. Al tomar lugar el arrebatamiento de la iglesia, el Espíritu Santo será quitado del medio. Su función como Consolador, como Paracleto (compañero permanente), como Consejero, Luz y Guía de la iglesia habrá cesado. Este **«Él»** también puede ser interpretado como **«el cuerpo de Cristo»**, y en última instancia esta interpretación nos lleva al mismo resultado.

Lo cierto es que mientras **«Él»** esté en el medio, el anticristo no podrá hacer su aparición. Ese fue el caso cuando trató anteriormente de tomar control mundial, a través de gobernantes como Adolfo Hitler; simplemente no le fue permitido, hubo alguien que lo detuvo y no se le permitió funcionar como verdaderamente deseaba hacerlo. Debo hacer la aclaración de que, en el siguiente periodo de tiempo, el Espíritu Santo hará su aparición en esta tierra, pero de una manera diferente, la cual explicaré más adelante.

¿CUÁLES SON LAS CARACTERÍSTICAS DE ESTE GOBIERNO?

1- EL ENGAÑO.

Y por otra semana confirmará el pacto con muchos; a la mitad de la semana hará cesar el sacrificio y la ofrenda. Después con la muchedumbre de las abominaciones vendrá el desolador, hasta que venga la consumación, y lo que está determinado se derrame sobre el desolador (Daniel 9:27).

Este versículo contiene el final de la profecía de las setenta semanas que recibió el profeta Daniel, quien había estado buscando la presencia de Dios; intercediendo en oración y pidiendo perdón por el pecado de su pueblo (Israel), buscando saber lo que acontecería con ellos, y Dios le envió la respuesta.

El significado de la palabra **«semana»**, en este versículo es: **«un período de siete años»**. La semana sesenta y nueve de la profecía se cumplió con el Mesías, Jesús. Pero la semana setenta es todavía futura y se cumplirá con los siete años del gobierno del anticristo. La razón por la cual existe este paréntesis entre la semana sesenta y nueve y la semana setenta es porque, con la muerte y resurrección del Mesías, se abrió la puerta (Jesús dijo: **«YO SOY LA PUERTA»**). Este es el tiempo a través del cual Dios ha venido tratando con el pueblo gentil —su iglesia— por los últimos dos mil años. Esta etapa es conocida como la era o dispensación de la gracia, la cual comenzó oficialmente allí, en el Aposento Alto, el día de Pentecostés, y concluirá el día del arrebatamiento de la iglesia.

El apóstol Pablo, en su Carta a los romanos, capítulo 11, versículos 17 al 21, dice que Dios nos tomó a nosotros, los gentiles — no judíos de sangre— que éramos olivo silvestre, y nos injertó en el Buen Olivo —Jesús—. En el lugar de las ramas naturales — los judíos— que habían sido desgajadas a causa de su incredulidad.

Este paréntesis, del trato de Dios con su iglesia, no cuenta dentro de esta profecía, porque ella no fue dada sobre la iglesia, sino sobre Israel. Pero su cumplimiento se reactivará al entrar en los siete años de la tribulación, siendo que para ese momento la era de la iglesia ya habrá concluido con el arrebatamiento de la misma y Dios volverá a tratar con su pueblo —Israel—, el pueblo del profeta Daniel, a quien le fue dada la profecía.

Basado en la profecía de las setenta semanas del profeta Daniel, queda claramente establecido que:

1) Dios trató con su pueblo Israel durante las primeras sesenta y nueve semanas de la profecía del profeta Daniel. La semana sesenta y nueve, como dije antes, se cumplió con la llegada del Mesías, Jesús.

2) Dios hace un paréntesis en su trato con Israel, entre la semana sesenta y nueve a la semana setenta. Este paréntesis fue para injertar al pueblo gentil, nosotros, su iglesia, en su Cuerpo, y esto ha venido ocurriendo durante más de dos mil años. De manera

que, la semana setenta de la profecía de Daniel ha quedado pendiente para cumplirse en el futuro.

3) Para entrar en el cumplimiento de la semana setenta de la profecía de Daniel, Dios concluirá su trato con la iglesia de Cristo o pueblo gentil. La terminación de este trato tomará lugar el día del arrebatamiento de la misma. Como expliqué anteriormente, la iglesia de Jesucristo —era o dispensación de la gracia—, comenzó el día del Pentecostés y terminará el día del arrebatamiento.

4) Luego del arrebatamiento comenzará el cumplimiento de la semana setenta de la profecía de Daniel, esto son los siete años de tribulación, y el Señor retomará su trato con el pueblo de Israel.

De manera que, de acuerdo a la secuencia de esta profecía, el arrebatamiento debe tomar lugar antes de la tribulación, siendo que la semana setenta corresponde a siete años y no a tres años y medio.

El anticristo aparecerá en el plano mundial como un gobernante de paz. Llevará puesta una careta con la cual engañará a todos. Será un hombre muy astuto, muy sagaz, muy preparado, quien, bajo la manifestación de un espíritu de encantamiento, engañará a todos. Lo admirarán y aceptarán como aquel gobernante tan esperado, que trae la solución y esperanza de paz para la humanidad. Hará pacto con Israel, el cual quebrantará a la mitad de los siete años —la mitad de la semana de Daniel 9:27—. Los israelitas harán pacto de paz con él creyendo que es el mesías, al cual ellos todavía esperan. Recordemos que ellos esperaban de Jesús un gobierno político, esperaban que Él los libertara de la opresión del Imperio romano, la cual estaban sufriendo en ese momento. Pero el engañador llegará engañando:

Y entonces se manifestará aquel inicuo, a quien el Señor matará con el espíritu de su boca, y destruirá con el resplandor de su venida; inicuo cuyo advenimiento es por obra de Satanás, con gran poder y señales y prodigios mentirosos, y con todo engaño de iniquidad para los que se pierden, por cuanto no recibieron el amor de la verdad para ser salvos. Por esto Dios les envía un poder engañoso, para que crean la mentira, a fin de que sean condenados todos los que no creyeron a la verdad, sino que se complacieron en la injusticia (2 Tesalonicenses 2:8-12).

2- EL DESEO DE SER DIOS.

Por tanto, cuando veáis en el lugar santo la abominación desoladora de que habló el profeta Daniel (el que lea, entienda) [...] (Mateo 24:15).

¿CUÁL ES LA ABOMINACIÓN DESOLADORA?

Al cabo de los primeros tres años y medio de su gobierno, el anticristo entrará en el templo de los judíos, el cual debe ser reconstruido y será levantado en un territorio que en este momento está ocupado por los árabes; el lugar en donde se encuentra la mezquita de Omar. Para recuperar este territorio obviamente tendrá que haber una guerra, en la cual, violentamente, Israel retomará posesión de ese lugar para levantar de nuevo allí el templo judío. Así que, cuando esta guerra tome lugar, esto será otra señal muy clara de que la tribulación y el gobierno del anticristo están muy cerca.

¡TODO ESTÁ LISTO PARA LA CONSTRUCCIÓN DEL TEMPLO!

El tiempo corre aceleradamente y todo se encuentra listo para que el tercer y último templo se levante en la capital del mundo: Jerusalén. Desde que la nación de Israel fue concebida en un día, en el año 1948, como dice la profecía de Isaías, y la ONU aceptó su vigencia, desde ese mismo momento todo comenzó a planearse para que el fin de las profecías tuviera cumplimiento.

Nada ha quedado al azar. Todo se encuentra en perfecto orden y dispuesto para que el templo sea erigido y cada elemento necesario para su construcción sea colocado en su lugar. Los planos, la maqueta del templo, la piedra angular que se colocará en una de las esquinas de las bases, las cortinas, los velos, los vasos, los candelabros, las lámparas, las mesas, todo está listo. Los sacerdotes que ofrecerán su servicio allí ya se encuentran elegidos y previamente se les han hecho diferentes pruebas de ADN para verificar que su sangre sea la misma de los Kohanim, descendientes de Aarón y de los levitas, descendientes de Leví. Los ornamentos y vestiduras de cada uno de ellos se encuentran dispuestos: la «diadema de oro» o «corona de oro», de oro muy puro, que será colocada sobre la cabeza del sumo sacerdote. En ella se leerá: "Santidad a YHVH". Las vestiduras interiores del sumo sacerdote han sido diseñadas de lino fino. La vasija de plata, hecha en plata de ley 800, será usada por él para llenarla con la sangre del cordero y esparcirla en el lugar santísimo.

Es en este templo en donde el anticristo entrará al cabo de tres años y medio de su gobierno y se sentará, haciéndose pasar por Dios y exigiendo que se le rinda adoración.

[...] porque no vendrá sin que antes venga la apostasía, y se manifieste el hombre de pecado, el hijo de perdición, el cual se opone y se levanta contra todo lo que se llama Dios o es objeto de culto; tanto que se sienta en el templo de Dios como Dios, haciéndose pasar por Dios (2 Tesalonicenses 2:3-4).

Aquí, Satanás manifestará, con toda su furia, su viejo deseo de ser igual a Dios. Recordemos que cuando era un querubín, un arcángel, y gozaba del privilegio de ser lo más perfecto que existía en toda la creación de Dios, él permitió que su corazón fuera minado con maldad y él mismo se creyó su propia mentira de que era tan hermoso que podía ser igual a Dios. Luego, basado en este delirio, manipuló a los ángeles que estaban bajo su mando y formó una revolución, tratando de establecer su trono al lado del de Dios para ser adorado en la misma forma.

¡Cómo caíste del cielo, oh Lucero, hijo de la mañana! Cortado fuiste por tierra, tú que debilitabas a las naciones. Tú que decías en tu corazón: Subiré al cielo; en lo alto, junto a las estrellas de Dios, levantaré mi trono, y en el monte del testimonio me sentaré, a los lados del norte; sobre las alturas de las nubes subiré, y seré semejante al altísimo. Mas tú derribado eres hasta el Seol, a los lados del abismo (Isaías 14:12-15).

Jesús, refiriéndose a este acontecimiento, dijo lo siguiente:

Y les dijo: Yo veía a Satanás caer del cielo como un rayo (Lucas 10:19).

Como puedes apreciar en estos pasajes, él fracasó rotundamente en su intento de ser adorado igual que Dios. Esta ocasión será su último intento de exigir adoración, ya que argumentará que él es Dios y desatará toda su furia. Allí es que él se quitará la careta y dejará ver quién es verdaderamente y cuáles son sus intenciones.

Entonces los que estén en Judea, huyan a los montes. El que esté en la azotea, no descienda para tomar algo de su casa; y el que esté en el campo, no vuelva atrás para tomar su capa. Más ¡ay de las que estén encintas, y de las que críen en aquellos días! Orad, pues, que vuestra huida no sea en invierno ni en día de reposo (Mateo 24:16-20).

A esto es a lo que se refiere la profecía anteriormente citada, en Daniel 9:27, de que a la mitad de la semana hará cesar el sacrificio y la ofrenda y quebrantará el pacto de paz hecho con el pueblo judío. Aquí es donde ellos se darán cuenta de que han sido engañados y tendrán que huir; por eso el Señor dijo: «Orad que vuestra huida no sea en invierno ni en día de reposo».

Esta acción del anticristo, llamada por el profeta Daniel **«la abominación desoladora»**, es una repetición de lo que hizo Antíoco Epífanes, quien, como el prototipo del hombre de pecado, sacrificó un cerdo en el altar del templo judío y entró en el lugar santísimo.

2- EL GOBIERNO POR LA FUERZA Y LA VIOLENCIA

A estas alturas de su gobierno es cuando el anticristo pondrá en vigencia su decreto de que todos los habitantes de la tierra tienen que llevar su marca.

Y hacía que, a todos, pequeños y grandes, ricos y pobres, libres y esclavos, se les pusiese una marca en la mano derecha o en la frente; y que ninguno pudiese comprar ni vender, sino el que tuviese la marca o el nombre de la bestia, o el número de su nombre. Aquí hay sabiduría. El que tiene entendimiento, cuente el número de la bestia, pues es número de hombre. Y su número es seiscientos sesenta y seis (Apocalipsis 13:16-18).

Hoy en día estamos viendo que, a través de diferentes medios, poco a poco, todo se va preparando para la llegada del sistema que será oficialmente establecido durante el gobierno del anticristo. Por ejemplo, hay videos que puedes fácilmente ver que enseñan cómo, en ciertos países, sobre todo en Europa, ya se está haciendo el procedimiento del implante del chip. Lo curioso de esto es la manera, supuestamente positiva, en que todo esto está siendo presentado y la gente es convencida fácilmente de los beneficios que esto brinda. También, recientemente participé en una reunión de negocios donde se nos mostró los nuevos billetes que saldrán, o más bien que ya están corriendo de manera paralela al sistema monetario actual. Estos billetes contienen la frase «In Gold We Trust», porque es una moneda directamente respaldada por oro (hay billetes de un cuarto o más gramos). En esta presentación nos decían que esta era la cura para el cáncer financiero. Además, ya se están instalando en las máquinas ATM, donde podrás comprar esta moneda directamente con tu tarjeta de banco. En fin, el espíritu de engaño se está moviendo fuerte y aceleradamente durante esta antesala a lo será el gobierno del anticristo.

Cuando la Palabra habla del número de la bestia, «el 666», uno quizá se imagina ver exactamente ese mismo número; pero no es así. Nunca debemos olvidar que él se presenta de una manera atractiva y con engaño.

Por muchos años ya se ha venido analizando la barra de códigos de productos, la cual está formalmente establecida en el comercio mundial. Detrás de esas barras aparece camuflado el número 6 en tres ocasiones (666). Hoy por hoy, existen lugares como el Centro Rockefeller en Nueva York, donde para poder entrar se le extiende al visitante una tarjeta de identificación temporaria, la cual tiene la barra de códigos. Cuando usted necesita subir a los elevadores debe pasar su tarjeta por un escáner y su fotografía es mostrada en una pantalla. Un sistema bastante similar a lo que probablemente será el sistema de la marca de la bestia. Por otro lado, en diversos artículos que se comparten en internet, se puede apreciar el avance que hay en la implementación del microchip, que se puede colocar debajo de la piel. Lo más curioso es que los únicos lugares del cuerpo en donde pueden ser colocados son la frente o la mano derecha.

Es evidente que todo el sistema está prácticamente preparado y encaminado para facilitar el establecimiento de la marca de la bestia. Probablemente lo único que se necesite hacer en ese momento sea cambiar el código que debe tener el microchip para que lleve su número. Lo más impactante es que, en ese tiempo, el colocarse el microchip en la mano derecha o en la frente no se hará de una manera voluntaria, ni por una conveniencia personal; sino que a todos les será impuesto el hacerlo, si quieren sobrevivir. Para ese entonces, el dinero efectivo habrá sido eliminado, al igual que el uso de cheques, gracias al uso de las tarjetas ATM (cajeros automáticos); las cuales, para poder adquirirlas, la persona tendrá que ser sellada con la marca de la bestia, tal como lo dice la Palabra, y tan pronto como la persona permita que se le ponga esa marca, se estará declarando propiedad de Satanás, el dragón o la serpiente antigua. Los que tengan conocimientos de la verdad, aquellos que hayan recibido a Jesús en su corazón y se rehúsen a ser marcados, tendrán que enfrentarse a la furia del sistema, de su gobernante, y pagarán su convicción y su firmeza con su propia vida.

¿QUÉ OTRAS COSAS SUCEDERÁN DURANTE ESTOS SIETE AÑOS?

Aparte de todo lo que acabas de leer, lo cual en sí es la furia del mismo Satanás derramada contra aquellos que se rehúsen a ser marcados —situación que indudablemente desarrollará una cantidad impresionante de efectos secundarios—; creo que, como nunca antes, la desconfianza, la traición, el engaño, el delirio de persecución y una serie de otros sentimientos, iguales o peores, reinarán en los aires en esos días. La posición del sistema será tan rígida que, por sí misma, establecerá dos posiciones básicas que podrán ser asumidas por los habitantes de la tierra: Por un lado aquellos que estén de acuerdo con el sistema, los cuales serán marcados con la marca de la bestia y se declararán públicamente como propiedad de Satanás; y por otro, aquellos que al tener conocimiento de las consecuencias irreversibles de recibir esta marca, se rehusarán y serán perseguidos hasta la muerte. En esos días no existirán los que se abstienen de dar su voto; la situación será muy radical y cada persona tendrá que asumir una de las dos posiciones.

Por otra parte, alguien dirá: «Bueno, qué más da; por lo menos aquellos que reciban la marca de la bestia, durante esos años podrán pasarla muy bien y sin ningún tipo de problemas, persecución ni torturas». ¿Será esto verdad? Te invito a adentrarnos en el conocimiento de lo que vendrá sobre aquellos que reciban esta marca: la ira de Dios será derramada sobre ellos. Anteriormente mencioné que el único pecado que jamás será perdonado es **la blasfemia contra el Espíritu Santo**, y expliqué que este pecado consiste en el rechazo del hombre al regalo que Dios hizo posible para él en la persona, en la vida, en la sangre de Jesús derramada en la cruz del calvario.

Debo decir que Dios no preguntará a nadie qué tan bueno ni qué tan malo fue. No, la pregunta que le será hecha a cada persona, será corta, concisa y directa: **¿Qué hiciste con la sangre que mi Hijo Jesús derramó por ti en la cruz? ¿La aceptaste para lavar tus pecados o la pisoteaste?** La función principal del Espíritu Santo es la de revelar al hombre la profundidad del amor de Dios en su precioso regalo. La blasfemia contra Él es el rechazar, burlar y pisotear este trabajo tan único que realiza. De manera que, aquellos que lo rechazan, acarrean para sí la ira de Dios. Pero, ¿cómo será derramada su ira?

Vi cuando el Cordero abrió uno de los sellos, y oí a uno de los cuatro seres vivientes decir como con voz de trueno: Ven y mira: Y miré, y he aquí un caballo blanco; y el que lo montaba tenía un arco; y le fue dada una corona, y salió venciendo, y para vencer (Apocalipsis 6:1-2).

¿Qué significa la aparición de este jinete en un caballo blanco? ¿Es este Jesús? ¡No! Aunque este jinete sale en un caballo blanco, este no es el mismo caballo en que aparecerá el Rey de reyes. Este es el anticristo. Nótese que a él se le coloca una corona en la cabeza, lo cual significa que él sí tendrá una posición poderosa y alcanzará una posición real. A su vez, él se presenta con un arco, pero sin flecha, lo cual significa que su llegada no será con violencia.

Él se presentará más bien de una manera diplomática, como lo anhelado por todos: «el hombre que trae paz, que trae solución». Pero recuerda que él llegará listo para engañar. La supuesta paz que él trae durará muy poco tiempo; cuando los habitantes de la tierra comiencen a sentir paz y seguridad, entonces, inesperadamente hará su aparición un nuevo jinete con un nuevo caballo.

Cuando abrió el segundo sello [...]. Y salió otro caballo, bermejo; y al que lo montaba le fue dado poder de quitar de la tierra la paz, y que se matasen unos a otros; y se le dio una gran espada (Apocalipsis 6: 3- 4).

El cuadro que se habrá vivido hasta ese momento cambiará radicalmente; inesperadamente, la tranquilidad se convertirá en angustia y alarma. El caballo blanco se convertirá en rojo, que significa sangre; y aquel jinete pacífico que llevaba un arco sin flecha se convertirá en violento y sanguinario, y recibirá en su mano una espada muy grande. El gobernante pacífico, diplomático y sereno se convertirá en un dictador terrible y destructor. Aquel cuerno pequeño, del cual nos habla Daniel 8:8-9, inesperadamente crecerá en gran manera.

Este nuevo jinete arrancará la paz de sobre la faz de la tierra; surgirá la guerra, revoluciones, tumultos, juicios en masa y destrucción general. La traición reinará en esos días, se matarán y se entregarán unos a otros.

Estudiosos han comparado las características del jinete del caballo bermejo con el funcionamiento del gobierno comunista, que siembra terror, y cuyo símbolo nacional es el color rojo; además de que es un movimiento anti-cristiano.

De manera que, podemos claramente ver que el espíritu del anticristo hace ya mucho tiempo que viene moviéndose y en distintos momentos ha tratado de tomar control y enseñorearse totalmente del mundo. Este espíritu funcionó en Nabucodonosor, en Ciro, en Alejandro el Grande, en Antioco Epifanes, en Julio César, en Napoleón, en Hitler, en Stalin, en Fidel Castro, en Saddam Hussein y en otros.

Unos con mayor impacto que otros, unos con mayor empuje que otros; pero todos movidos por el mismo delirio, el mismo demonio y con los mismos sueños: poder llegar a ser el único, lo máximo y enseñorearse del mundo.

Cuando abrió el tercer sello [...]. Miré, y he aquí un caballo negro; y el que lo montaba tenía una balanza en la mano. Y oí una voz de en medio de los cuatro seres vivientes, que decía: dos libras de trigo por un denario, y seis libras de cebada por un denario; pero no dañes el aceite ni el vino (Apocalipsis 6: 5-6).

El tercer jinete hace su entrada en un caballo negro. El negro simboliza a la muerte por inanición; pues aquellos que mueren de hambre tienen un color oscuro.

Para ese momento, las guerras habrán destruido a todos los habitantes útiles para el trabajo, los campos de siembra habrán sido pisoteados y destruidos por los ejércitos, y las provisiones arrancadas de las manos del pueblo. Ucrania vivió esto en carne propia en 1933, cuando el gobierno comunista quitó al pueblo todo el pan.

La balanza en la mano del jinete deja saber que el hambre será tanta, que aun el mismo anticristo tendrá que compartir la comida para siquiera auxiliar en parte lo terrible de la situación.

Me dijo luego: Hijo de hombre, he aquí quebrantaré el sustento del pan en Jerusalén; y comerán el pan por peso y con angustia, y beberán el agua con medida y con espanto, para que, al faltarles el pan y el agua, se miren unos a otros con espanto, y se consuman en su maldad (Ezequiel 4:16-17).

Cuando abrió el cuarto sello [...]. Miré y he aquí un caballo amarillo, y el que lo montaba tenía por nombre Muerte, y el Hades le seguía; y le fue dada potestad sobre la cuarta parte de la tierra, para matar con espada, con hambre, con mortandad y con fieras de la tierra (Apocalipsis 6:7-8).

El amarillo de este cuarto caballo significa **«color cadáver»**. Vale decir que este caballo es la muerte misma. Aquí tenemos guerras, hambre, cadáveres abandonados sin ser sepultados, los cuales contaminarán el medio ambiente y sembrarán aún más mortandad a través de las epidemias que se desatarán de esta contaminación. Vemos también que dice que el Hades sigue a la muerte; de manera que la muerte azotará duramente a la humanidad.

Por lo tanto, podemos darnos cuenta, con la claridad necesaria, que Cristo es vida y el anticristo es muerte. Sinceramente yo no creo que nadie que llegue al conocimiento de esta verdad desee estar aquí, en la tierra, durante los años de este gobierno. Surge aquí una gran pregunta, dentro de tanta conmoción y crisis: **¿habrá todavía, a estas alturas, alguna esperanza de parte de Dios para los habitantes de la tierra?**

Sí, la habrá. Dios en su gran amor y misericordia, aun en ese tiempo, ha extendido un plan de esperanza.

Después de esto vi a cuatro ángeles en pie sobre los cuatro ángulos de la tierra, que detenían los cuatro vientos de la tierra, para que no soplase viento alguno sobre la tierra, ni sobre el mar, ni sobre ningún árbol. Vi también a otro ángel que subía de donde sale el sol, y tenía el sello del Dios vivo; y clamó a gran voz a los cuatro ángeles, a quienes se les había dado poder de hacer daño a la tierra y al mar, diciendo: No hagáis daño a la tierra, ni al mar, ni a los árboles, hasta que hayamos sellado en sus frentes a los siervos de nuestro Dios. Y oí el número de los sellados: ciento cuarenta y cuatro mil sellados de todas las tribus de los hijos de Israel (Apocalipsis 7:1-4).

¿QUIÉNES SON ESTOS CIENTO CUARENTA Y CUATRO MIL QUE FUERON SELLADOS?

Estos son israelitas, doce mil personas de cada tribu de Israel, los cuales son sellados con el sello de Dios y con un propósito específico:

- Doce mil de Judá
- Doce mil de Rubén
- Doce mil de Gad
- Doce mil de Aser
- Doce mil de Neftalí
- Doce mil de Manases
- Doce mil de Simeón
- Doce mil de Leví
- Doce mil de Isacar
- Doce mil de Zabulón
- Doce mil de José
- Doce mil de Benjamín

Esto aclara la incorrecta alegación de los sabatistas y los testigos de Jehová, acerca de que ellos son los ciento cuarenta y cuatro mil. Ellos carecen completamente de base escritural para su afirmación, ya que la Palabra es muy clara al establecer que son hebreos (de sangre judía), doce mil de cada tribu.

Pero, ¿para qué reciben ellos este sello? En todos los tiempos, Dios tuvo siempre un remanente fiel entre el pueblo de Israel. En Josué 24:15-21 vemos un remanente fiel al lado de Josué; en Jueces 7:6 vemos a un remanente de trescientos soldados respaldando a Gedeón. A Elías, Dios le reveló que había un remanente de siete mil que no había doblado rodillas delante de Baal (1 Reyes 19:18). En Babilonia, Daniel, Ananías, Misael y Azarías fueron el remanente fiel que no se contaminó con las costumbres y los rituales del imperio (Daniel 1:8; 3:8-18; 6:10-17).

De la misma manera, en la tribulación, estos ciento cuarenta y cuatro mil serán el remanente fiel. Personas que se han convertido del judaísmo al Cristo vivo y reciben el sello de consagración y propiedad de Dios en sus frentes.

Hay quienes enseñan que este sello es estrictamente espiritual y hay otros que enseñan que también es físico; lo cierto es que, será un sello visible, a través del cual estas personas se convertirán en luminares en medio de las tinieblas de aquellos días.

El Espíritu Santo las comisionará y las investirá de poder para predicar el evangelio durante los días de la tribulación. El llevar el sello de Dios en sus frentes las protegerá automáticamente del juicio de Dios que caerá en esos días; y también de la aflicción y el acoso demoníaco que estará reinando.

Pero ellos no son los únicos que se entregarán por completo a Cristo en esos tiempos:

Después de esto miré, y he aquí una gran multitud, la cual no se podía contar, de todas naciones y tribus y pueblos y lenguas que estaban delante del trono y en la presencia del Cordero, vestidos de ropas blancas, y con palmas en las manos (Apocalipsis 7:9).

Entonces uno de los ancianos habló, diciéndome: Estos que están vestidos de ropas blancas, ¿quiénes son, y de dónde han venido? Yo le dije: Señor, tú lo sabes. Y él me dijo: Estos son los que han salido de la gran tribulación, y han lavado sus ropas, y las han emblanquecido en la sangre del cordero (Apocalipsis 7:13-14).

La Palabra establece que hay personas de todos los pueblos, naciones, tribus y lenguas; pero la gran pregunta es cómo recibirán a Jesús en sus corazones, porque necesitarán hacerlo. La forma será a través de la predicación de los dos testigos, Moisés y Elías (Apocalipsis 11:1-13), a través de sus milagros y poderosas manifestaciones sobrenaturales.

Este será el medio para la salvación de los ciento cuarenta y cuatro mil judíos que serán sellados. A su vez, el celo evangelístico que estos sellados manifestarán será el instrumento para las conversiones masivas vistas por el apóstol Juan.

Debo aclarar que, el hecho de que el Espíritu Santo sea quitado de en medio, junto con la iglesia, antes de la aparición pública del anticristo, en ningún momento quiere decir que Él no puede regresar durante los días de la tribulación para cumplir su función reveladora del amor de Dios.

En el Antiguo Testamento vemos cómo, en aquel entonces, el Espíritu de Dios descendía sobre tres tipos de personas: sacerdotes, reyes y profetas. Encontramos expresiones o declaraciones tales como: «El Espíritu de Jehová vino sobre mí». Incluso Jesús mismo dijo: «El Espíritu del Señor está sobre mí [...] (Lucas 4:18). También, en el mismo Evangelio de Lucas 5:17 dice: «[...] y el poder del Señor estaba con él para sanar».

Y, aunque podemos asegurar que el Espíritu Santo fluía en Jesús constantemente por ser el Hijo de Dios y por ser Dios, recordemos que Jesús fue también cien por ciento hombre y que vivió bajo la ley judía. Pero, cuando Jesús estableció su iglesia, el Espíritu Santo vino para quedarse permanentemente aquí y realizar su función en el pueblo de Dios. Así lo prometió Jesús antes de ser recogido a los cielos.

Y yo rogaré al Padre, y os enviará otro Consolador, para que esté con vosotros para siempre: el Espíritu de verdad, al cual el mundo no puede recibir, porque no le ve, ni le conoce; pero vosotros le conocéis porque mora con vosotros, y estará en vosotros (Juan 14:16-17).

En aquel entonces, el Espíritu Santo **descendía** sobre ciertas personas para realizar una función específica; pero hoy **está en nosotros** de una manera permanente.

¿O ignoráis que vuestro cuerpo es templo del Espíritu Santo, el cual está en vosotros, el cual tenéis de Dios, y que no sois vuestros? (1 Corintios 6:19).

64

Es por ello que, el día del arrebatamiento, el Espíritu Santo será quitado de en medio, junto con su iglesia, de otra manera el anticristo no podría hacer su aparición; pero luego regresará sobre ciertas personas, en este caso los ciento cuarenta y cuatro mil sellados, y los investirá de poder y de aquel celo evangelístico para que prediquen la Palabra y, por otro lado, continuará cumpliendo su función de convencimiento de pecado y de llevar al arrepentimiento a aquellos que escuchen el mensaje y reciban a Jesús en sus corazones.

Así que, aun en esos días, el amor de Dios se seguirá manifestando; pero con la enorme diferencia que, en la actualidad, nosotros recibimos a Jesús en nuestro corazón y no tenemos que pagar nada por ello. Esto es lo que se llama la era o la dispensación de la gracia. ¡Todo es un regalo!

Por su parte, los que reciban a Cristo Jesús durante esos días, de igual manera serán salvos por el poder de su sangre y del sacrificio en la cruz; sin embargo, al mantenerse firmes en su decisión, al mantener en alto su posición y su fe de una manera inquebrantable e inconmovible, les costará sus propias vidas. En esos días se implementará la pena de la guillotina:

> *[...] Y vi las almas de los decapitados por causa del testimonio de Jesús y por la palabra de Dios, los que no habían adorado a la bestia ni a su imagen, y que no recibieron la marca en sus frentes ni en sus manos; y vivieron y reinaron con Cristo mil años (Apocalipsis 20:4).*

Pero esto no termina aquí, continuemos con la apertura de los sellos:

Cuando abrió el quinto sello, vi bajo al altar las almas de los que habían sido muertos por causa de la palabra de Dios y por el testimonio que tenían. Y clamaban a gran voz, diciendo: ¿Hasta cuándo, Señor, santo y verdadero, no juzgas y vengas nuestra sangre en los que moran en la tierra? Y se les dieron vestiduras blancas, y se les dijo que descansasen todavía un poco de tiempo, hasta que se completara el número de sus consiervos y sus hermanos, que también habían de ser muertos como ellos (Apocalipsis 6:9-11).

Aquí encontramos las almas de los mártires que han muerto durante la tribulación; pero vemos que todavía la persecución continuará y hay más hermanos y consiervos que aceptarán la muerte como mártires. Estos no serán solamente judíos, ya que la persecución será mundial.

Miré cuando abrió el sexto sello, y he aquí hubo un gran terremoto; y el sol se puso negro como tela de cilicio, y la luna se volvió toda como sangre; y las estrellas del cielo cayeron sobre la tierra, como la higuera deja caer sus higos cuando es sacudida por un fuerte viento. Y el cielo se desvaneció como un pergamino que se enrolla; y todo monte y toda isla se removió de su lugar. Y los reyes de la tierra, y los grandes, los ricos, los capitanes, los poderosos, y todo siervo y todo libre, se escondieron en las cuevas y entre las peñas de los montes; y decían a los montes y a las peñas: Caed sobre nosotros, y escondednos del rostro de aquel que está sentado sobre el trono, y de la ira del Cordero; porque el gran día de su ira ha llegado; ¿y quién podrá sostenerse en pie? (Apocalipsis 6: 12- 17).

Al abrirse el sexto sello sucederán hechos terribles, los cuales ya habían sido profetizados con anterioridad. Te invito a ver a continuación cuáles serán estos sucesos:

Un gran terremoto: Los terremotos que hemos visto suceder hasta estos días han sido territoriales. La gran diferencia, en esta ocasión, es que este será de una magnitud mundial. La historia nos muestra grandes terremotos que han causado estragos impresionantes; por ejemplo, en 1556 sucedió uno tan intenso en China que arrojó una cifra de 830,000 muertos. No obstante, por muy grandes que hayan sido, no se acercan ni remotamente a la magnitud de este. No habrá país ni pueblo que se escape de esta catástrofe sísmica; por lo cual, los científicos no tendrán explicación ninguna para este suceso.

Hace unos años, luego de una serie de terremotos ocurridos en El Salvador, una cadena local de televisión, en uno de sus documentales, explicaba que un grupo de sismólogos había encontrado partiduras gigantescas bajo tierra en diferentes puntos del planeta. Uno en California, otro en Japón y otro en Lima, Perú. Los cuales, de acuerdo a los estudios realizados, se estima que producirán un gran terremoto. Yo me pregunto, ¿será que nos estamos acercando a este suceso?

Debo decir que, bajo ninguna circunstancia quiero que se interprete o entienda que estoy estableciendo fechas. Jesús dijo claramente que el día y la hora nadie lo sabe, ni siquiera los ángeles, sino solamente su Padre en los cielos. Él es el que en su momento emitirá las órdenes de todos los sucesos venideros. Pero sí me atrevo a decir que el tiempo está muy cercano y que estos estudios arrojan resultados impresionantes que nos ayudan a ubicarnos en el tiempo y a ver con mayor claridad cómo la tierra misma se está preparando para estos acontecimientos. Como hijos de Dios (aquellos que hemos recibido a Jesús en el corazón), debemos estar preparados para ser elevados con Él en las nubes y ser librados de la ira venidera.

El oscurecimiento del sol: Este evento lo vemos profetizado en los siguientes versículos:

> *He aquí el día de Jehová viene, terrible, y de indignación y ardor de ira, para convertir la tierra en soledad, y raer de ella a sus pecadores. Por lo cual las estrellas de los cielos y sus luceros no darán su luz; y el sol se oscurecerá al nacer, y la luna no dará su resplandor (Isaías 13:9-10).*

> *El sol se convertirá en tinieblas, y la luna en sangre, antes que venga el día grande y espantoso de Jehová (Joel 2:31).*

> *El sol y la luna se oscurecerán, y las estrellas retraerán su resplandor (Joel 3:15)*

El resultado de los juicios de Dios en la atmósfera será el obscurecimiento del sol. La luna, por su parte, al no tener luz propia, sino que es reflejada por el sol, aparentemente tomará un color rojo por los gases atmosféricos.

Lluvia de meteoros:

> *Y las estrellas del cielo cayeron sobre la tierra [...] (Apocalipsis 6:13).*

Cuando el apóstol usa esta expresión, «estrellas cayeron», debemos entender que no se está refiriendo al sol o a planetas, sino meteoritos. Es imposible que esté hablando de planetas, ya que si uno de ellos se saliera de su órbita y cayera sobre la Tierra, lo más probable es que la destruya completamente. El sol es considerado una de las estrellas más pequeñas o la más pequeña de nuestra galaxia y se calcula que es 1 300 000 veces mayor que nuestro planeta. De manera que es imposible que él se esté refiriendo al sol. Estos meteoros pueden también proceder de estrellas desintegradas. Los meteorólogos estiman que los meteoritos viajan a una velocidad de entre 8 a 42 millas por segundo. Obviamente, mientras mayor la velocidad, mayor la destrucción que pueden causar. Hay dos tipos de meteoritos:

a) Los sideritos, que están formados de hierro y níquel.

b) Los aerolitos, que están formados de piedra con gránulos de hierro.

Algunos de ellos han llegado a pesar hasta 34 toneladas. El 13 de noviembre de 1833 cayó sobre el continente americano una lluvia de meteoritos durante tres horas. En el estado de Arizona (USA) hay un cráter, hecho por un meteorito, el cual tiene una circunferencia de 4200 pies y una profundidad de 570 pies. En esta ocasión, de igual manera caerá una lluvia de meteoritos, la gran diferencia es que será a nivel mundial.

Cuando el apóstol habla de que el cielo se desvaneció, no se está refiriendo al segundo ni al tercer cielo, sino al primer cielo, el cual nosotros alcanzamos a ver, sea cubierto de nubes o azul claro. Tanto Juan como

Isaías concuerdan con sus visiones (Apocalipsis 6:14 e Isaías 34:4). Juan compara el cielo con un pergamino que se enrolla; Isaías por su parte dice que los cielos se enrollarán como un libro.

Todos estos sucesos serán tan terribles que los habitantes de la tierra se llenarán de pánico y huirán a los montes, clamándoles, y a las rocas, que caigan sobre ellos, los cubran y los escondan de la terrible ira de Dios todopoderoso y del Cordero, porque el día de pago habrá llegado. Pero las montañas no podrán ocultarlos, porque es imposible esconderse de su presencia que lo llena todo.

Es importante recalcar que, la ira será derramada sobre todos por igual. El versículo 15 nos da una lista en la siguiente forma: reyes, grandes, ricos, capitanes, poderosos, siervos y libres. Vale decir que en esta ocasión tampoco habrá acepción de personas, al igual que lo establece en su Palabra, de que su amor fue derramado sobre la raza humana.

Y por todos murió [...] (2 Corintios 5:15).

Su ira caerá sobre todos aquellos que de una u otra forma rechazaron el sacrificio de su Hijo Jesús, pisoteando de esta manera su sangre derramada en la cruz del calvario. Las posiciones o el poderío económico no servirán de nada a aquellos que las posean.

CAPÍTULO

3

TRIBULACIÓN
(II PARTE)

Cuando abrió el séptimo sello, se hizo silencio en el cielo como media hora. Y vi a los siete ángeles que estaban en pie ante Dios; y se les dieron siete trompetas. Otro ángel vino entonces y se paró ante el altar, con un incensario de oro; y se le dio mucho incienso para añadirlo a las oraciones de todos los santos, sobre el altar de oro que estaba delante del trono. Y de la mano del ángel subió a la presencia de Dios el humo del incienso con las oraciones de los santos. Y el ángel tomó el incensario, y lo llenó del fuego del altar, y lo arrojó a la tierra; y hubo truenos, y voces, y relámpagos, y un terremoto (Apocalipsis 8:1-5).

Siguiendo la secuencia de la apertura de los sellos, vemos lo siguiente: al abrirse los primeros cuatro sellos, oímos una voz diciendo: «Ven». Al abrirse el quinto sello, se oyen las voces de los mártires; al abrirse el sexto sello, tembló el mundo entero; y al abrirse el séptimo sello se produce un terrible silencio, pero no definitivo, sino que fue de media hora solamente, siendo este el silencio que antecede a la tormenta.

Todos harán silencio: los seres vivientes, los veinticuatro ancianos, los ángeles y también los mártires de la gran tribulación. El periodo de silencio tendrá una duración de media hora. Ese tiempo será suficiente para que los siete ángeles tomen sus siete trompetas. El contenido de este séptimo sello es una colección de los juicios que tomarán lugar al tocarse estas siete trompetas. Previo al toque de ellas, aparece en escena un octavo ángel, al cual se le dio un incensario y mucho incienso para que fuera añadido a las oraciones de los santos.

En el Antiguo Testamento, la función de tomar el incensario lleno de incienso le pertenecía al sumo sacerdote. La fragancia o el olor aromático del incienso se difundía y de la misma forma sucede con las oraciones de los santos expresadas delante de Dios Padre, las cuales deben tener una sola ruta: **hacia arriba**, llegando hasta su santa presencia. La media hora de silencio llegará a su final cuando este ángel arroje el incensario hacia la tierra, y haya truenos, voces, relámpagos y un terremoto. Acto seguido las trompetas comenzarán a sonar.

Primera trompeta:

El primer ángel tocó la trompeta, y hubo granizo y fuego mezclados con sangre, que fueron lanzados sobre la tierra; y la tercera parte de los árboles se quemó, y se quemó toda hierba verde (Apocalipsis 8:7).

La sombra de lo que será esta plaga, en la cual, Moisés, extendiendo su vara hacia el cielo, hace que tome lugar, la encontramos en el siguiente versículo:

Y Moisés extendió su vara hacia el cielo, y Jehová hizo tronar y granizar, y el fuego se descargó sobre la tierra; y Jehová hizo llover granizo sobre la tierra de Egipto. Hubo, pues, granizo, y fuego mezclado con el granizo, tan grande, cual nunca hubo en toda la tierra de Egipto desde que fue habitada. Y aquel granizo hirió en toda la tierra de Egipto todo lo que estaba en el campo, así hombres como bestias; asimismo destrozó el granizo toda la tierra del campo, y desgajó todos los árboles del país (Éxodo 9:23-25).

Egipto es un símbolo del mundo y el faraón representa la figura de Satanás y, de la misma forma en que esta séptima plaga es una sombra del juicio que tomará lugar al ser tocada esta primera trompeta —con la enorme diferencia de que en el tiempo de Moisés la plaga afectó a un lugar o nación en específico—, este juicio apocalíptico será a nivel mundial. De acuerdo a sus dimensiones, esta tormenta será tal como nunca la ha habido antes desde el diluvio; será tan violenta que destruirá una tercera parte de la tierra. Por esta razón causará pánico entre sus habitantes.

Segunda trompeta:

El segundo ángel tocó la trompeta, y como una gran montaña ardiendo en fuego fue precipitada en el mar; y la tercera parte del mar se convirtió en sangre. Y murió la tercera parte de los seres vivientes que estaban en el mar, y la tercera parte de las naves fue destruida (Apocalipsis 8: 8-9).

Al toque de la segunda trompeta, nos encontramos con otro juicio similar a los de Egipto. En esta ocasión, se trata de una gigantesca masa de fuego, la cual cae como una montaña ardiendo sobre el mar. Estudiosos de la escatología creen que esto no es otra cosa que un meteoro, el cual caerá ardiendo. También creen que el hecho de que la Palabra usa la expresión «el mar», y no «los mares», es porque se refiere en particular al mar Mediterráneo, puesto que, precisamente, a sus orillas tomarán lugar los principales eventos del apocalipsis.

Es posible que la precipitación de este meteoro sobre las aguas del mar produzca un gigantesco oleaje, el cual destruirá las embarcaciones pequeñas y las de gran tamaño, tales como los barcos petroleros. Esto a su vez producirá un derramamiento de petróleo, lo cual traerá la mortandad de los seres vivientes del mar, por envenenamiento.

El agua del mar convertida en sangre es explicable con la muerte violenta de los tripulantes de todas las embarcaciones que serán destruidas, aunque no debemos olvidar que Dios tiene el poder necesario para convertir el agua en sangre, tal como lo hizo en Egipto, sin necesidad de que nadie muera.

Sin duda alguna, este castigo sacudirá el corazón de muchas personas; sin embargo, tal cual sucedió en Egipto, que después de cada plaga el Faraón endurecía su corazón; de la misma manera, tal vez la mayoría de los habitantes de la tierra endurecerán sus corazones.

Tercera trompeta:

El tercer ángel tocó la trompeta, y cayó del cielo una gran estrella, ardiendo como una antorcha, y cayó sobre la tercera parte de los ríos, y sobre las fuentes de las aguas. Y el nombre de la estrella es Ajenjo. Y la tercera parte de las aguas se convirtió en ajenjo; y muchos hombres murieron a causa de esas aguas, porque se hicieron amargas (Apocalipsis 8: 10-11).

El efecto de este juicio no será menos terrible que el de los anteriores. Caerá del cielo una estrella ardiendo, lo cual probablemente se trate de un cometa. Este cometa se apagará o destruirá en las aguas de los ríos y los lagos. El elemento que compone este cometa, ajenjo, convertirá las aguas en venenosas y por lo tanto los habitantes de la tierra se encontrarán sin agua para beber.

Cuarta trompeta:

El cuarto ángel tocó la trompeta, y fue herida la tercera parte del sol, y la tercera parte de la luna, y la tercera parte de las estrellas, para que se oscureciese la tercera parte de ellos, y no hubiese luz en la tercera parte del día, y asimismo de la noche (Apocalipsis 8: 12).

75

Al toque de la cuarta trompeta, la tercera parte del sol, la luna y las estrellas se oscurecerá y el día carecerá totalmente de luz en una tercera parte. En este momento se cumplirá la profecía de nuestro Señor Jesucristo cuando dijo:

Entonces habrá señales en el sol, en la luna y en las estrellas [...] (Lucas 21:25).

Es importante poder enfatizar el hecho de que, al toque de estas cuatro primeras trompetas, los juicios han afectado solamente en una tercera parte de todo lo que han tocado: la tercera parte de los árboles de la tierra, la tercera parte del mar, la tercera parte de los seres vivientes del mar, la tercera parte de las naves, la tercera parte de los ríos y de las fuentes de las aguas, la tercera parte del sol, de la luna y de las estrellas.

La razón por la cual estos juicios se limitan a tocar solamente a una tercera parte del mundo es porque el propósito de ellos es, en parte, advertir a las personas y llevarlas al quebrantamiento y arrepentimiento.

Para entonces, los habitantes de la tierra se encontrarán tomados por el temor a causa de los terribles acontecimientos que han presenciado hasta el momento.

La ciencia no encontrará explicación para los mismos, y el espanto, la confusión y el pánico se apoderarán de todos. ¡Y aún no han presenciado lo peor que está por venir! Por esta razón, a continuación, el apóstol presencia lo siguiente:

Un ángel volando:

Y miré, y oí a un ángel volar por en medio del cielo, diciendo a gran voz: ¡Ay, ay, ay, de los que moran en la tierra, a causa de los otros toques de trompeta que están para sonar los tres ángeles! (Apocalipsis 8: 13).

Es evidente, por la exclamación de este ángel, que lo que está por suceder es mucho más fuerte y terrible que lo que ya fue. El ángel que el profeta acaba de ver en su visión dijo tres veces la palabra "ay"; de manera que vamos a analizar cada uno:

• **El primer «ay»:**

El quinto ángel tocó la trompeta, y vi una estrella que cayó del cielo a la tierra; y se le dio la llave del pozo del abismo. Y abrió el pozo del abismo, y subió humo del pozo como humo de un gran horno; y se oscureció el sol y el aire por el humo del pozo. Y del humo salieron langostas sobre la tierra; y se les dio poder, como tienen poder los escorpiones de la tierra. Y se les mandó que no dañasen a la hierba de la tierra, ni a cosa verde alguna, ni a ningún árbol, sino solamente a los hombres que no tuviesen el sello de Dios en sus frentes. Y les fue dado que no los matasen, sino que los atormentasen cinco meses; y su tormento era como tormento de escorpión cuando hiere al hombre. Y en aquellos días los hombres buscarán la muerte, pero no la hallarán; y ansiarán morir, pero la muerte huirá de ellos (Apocalipsis 9:1-6).

La Palabra de Dios utiliza en distintos lugares el término estrella para referirse a distintas entidades o personalidades; por ejemplo, en Génesis 1:16, en Deuteronomio 4:16, al igual que en Job 9:7, se denomina a los cuerpos celestes como estrellas. En Génesis 15:5, 22:17, 26:4 y Deuteronomio 1:10, se habla de multitudes innumerables como estrellas.

Los ángeles son llamados estrellas, en Job 38:7, Isaías 14:13 y Apocalipsis 12:4. En Judas 1:20 se refiere a los falsos maestros como estrellas errantes. En Apocalipsis 1:20 se refiere a los pastores o ángeles de las iglesias como las estrellas. En Números 24:17, Jesús, el Cristo, es llamado la «Estrella de Jacob» y en Apocalipsis 22:16 es llamado la «Estrella resplandeciente de la mañana».

A la luz de estos pasajes podemos ver que lo que el profeta vio descender del cielo no fue precisamente una estrella, un cometa o un meteorito. Tampoco se trataba de un falso maestro ni de un pastor; esta estrella simboliza a un ángel.

El versículo 1 dice que, a esta estrella se le dio la llave del pozo del abismo. En la versión inglesa de la Biblia del Rey Jaime se relata: *«and to him was given»*. El pronombre *«him»* (él) nos enseña que lo que Juan vio fue una persona. Hasta este momento, en lo que hemos analizado, todas las funciones y encomiendas han sido realizadas por ángeles; de manera que, siguiendo este patrón, es completamente creíble que lo que el apóstol vio en esta ocasión también fue a un ángel.

Ahora bien, el hecho de que el profeta vio que esta estrella cae del cielo, no significa de ninguna manera que se está refiriendo a un ángel caído. Los ángeles caídos, está claramente establecido tanto en 2 Pedro 2:4 como en Judas 6, que se encuentran en prisiones de oscuridad, esperando el día del juicio final.

La expresión usada aquí como **«estrella que cayó del cielo»**, se está refiriendo a que este ángel bajará del cielo a una velocidad tal, que se asemeja o se puede comparar con la velocidad con que cae una estrella del cielo. Este es probablemente el mismo ángel que más tarde es mencionado en Apocalipsis 20:1-3 y al cual veremos luego bajando nuevamente del cielo con la llave del abismo en la mano, solo que con una función diferente. Aquí se le instruyó abrir el abismo; allá baja para encadenar a Satanás, el dragón, la serpiente antigua, y atarlo por mil años; arrojarlo al abismo y encerrarlo allí.

¿QUÉ ES EL ABISMO?

En las Sagradas Escrituras tiene varios nombres:

1) Oscuridad del infierno, en griego: *«Tártaro»:* Es el lugar en donde se encuentran los ángeles caídos (2 Pedro 2:4 y Judas 6).

2) Infierno, en hebreo «Seól» y en griego «Hades»: El lugar o paradero de los pecadores o ateos (incrédulos).

3) Prisión o calabozo: Paradero de los muertos antes y durante el diluvio (1 Pedro 3:19-20).

4) Lago de fuego: El lugar de destino final del diablo y sus ángeles y de todos aquellos que rechacen el sacrificio de Jesús en la cruz, y como consecuencia tengan que ser enjuiciados ante el gran trono blanco.

5) Abismo: Este es el lugar de los demonios o espíritus malos. En Lucas 8:31 vemos que los demonios le suplicaron a Jesús que no los enviara al abismo. Es evidente que allí, ellos no se sienten nada bien, por eso rogaron no ir. Este es el lugar que el ángel-estrella abrió con esa llave y de allí salió un humo ardiente que llenó por completo la atmósfera, tal como sucede con una explosión volcánica. De este ardiente humo salieron unas extrañas langostas, de aspecto sobrenatural (demonios-langostas); una extraña combinación humana, animal y reptil.

Apocalipsis 9:7-10 nos relata el aspecto de ellos: sus rostros humanos nos hablan de la inteligencia y capacidad de planear sus actos. Su cabello de mujer insinúa su habilidad de seducción y una astucia y sutileza satánicas. Sus dientes de león nos dejan ver su fuerza invencible. Las colas largas nos hablan de su largo alcance. Sus coronas de oro dejan ver su poderío y también enseñan que ningún reino o nación se escapará de esta horrible plaga. Finalmente, sus alas enseñan la rapidez de sus movimientos.

En el versículo 11 del capítulo 9 leemos: «Y tienen por rey sobre ellos [...]». Esta expresión, **«sobre ellos»**, nos enseña que son demonios y que tienen un rey. Este es un poderosísimo ángel caído que será soltado de su prisión en los días del toque de esta trompeta y saldrá desde el abismo, junto con estos demonios-langostas, haciendo las funciones de líder de todos ellos.

La plaga será horrible. Ellos recibirán la orden específica de torturar a todos los seres humanos que no estén sellados con el sello de Dios. Esto nos enseña que los demonios saben reconocer a aquellos que están verdaderamente sellados por la sangre del Cordero y el Espíritu Santo de Dios. Aquellos que, además, cuidan diariamente que sus sellos no estén manchados ni opacados o empañados; en otras palabras, aquellos que se cuidan de permanecer bajo la cobertura de la sangre de Cristo Jesús. Esto no lo da una simple asistencia a la iglesia los domingos; sino el vivir una vida limpia delante de nuestro Señor y Dios y una profunda y permanente relación íntima con Él. Un constante poner en práctica mis derechos de hijo y heredero, y el poder que me ha sido confiado por Dios y ha sido depositado en mi espíritu.

A estos demonios se les da la instrucción precisa de no matar a los hombres; sino de torturarlos. ¡Y qué tortura! Una similar a la venenosa y extremadamente dolorosa picadura de los escorpiones. Las personas que han sido picadas por escorpiones sufren unos dolores tan terribles que los hacen retorcerse como si estuvieran en el fuego, y así padecen estos dolores hasta la muerte. La tortura tendrá una duración de cinco meses y serán tan horribles que los habitantes de la tierra ansiarán la muerte, y tal vez hasta opten por tratar el suicidio; pero bajo ninguna circunstancia se permitirá que la muerte llegue a ellos. Por el contrario, la Palabra declara que la muerte les huirá.

Tampoco se debe pasar por alto la cantidad que serán estos demonios-langostas. Dice la Palabra que sus alas producirán un estruendo tan grande como si fueran carros de caballos corriendo hacia la batalla.

Ellos saldrán por miles o tal vez millones. Será algo verdaderamente espeluznante y aterrador. ¡Ay de los moradores de la tierra en aquellos días!

El segundo «ay»:

El sexto ángel tocó la trompeta, y oí una voz de entre los cuatro cuernos del altar de oro que estaba delante de Dios, diciendo al sexto ángel que tenía la trompeta: Desata a los cuatro ángeles que están atados junto al gran río Éufrates. Y fueron desatados los cuatro ángeles que estaban preparados para la hora, día, mes y año, a fin de matar a la tercera parte de los hombres. Y el número de los ejércitos de los jinetes era doscientos millones. Yo oí su número (Apocalipsis 9:13-16).

Al tocar su trompeta, el sexto ángel recibirá la orden de desatar a cuatro feroces ángeles que han permanecido atados hasta ese momento. Estos ángeles, es obvio que no son fieles a Dios; sino que son liderados por Satanás.

Es probable que, cuando se rebelaron junto a su líder, en lugar de confinarlos a las prisiones de oscuridad en Tártaros, junto con los demás ángeles rebeldes, Dios haya determinado mantenerlos atados en alguna región del río Éufrates y mantenerlos allí, separados, para que tengan su participación destructiva en este momento.

El río Éufrates es la frontera de la tierra que Dios prometió a su amigo Abraham; en sus inmediaciones estaba el jardín del Edén. En esta región, Caín mató a Abel y también Nimrod levantó su reino, Babel. Este río se secará durante el juicio, para permitir el paso de los reyes del Oriente para la batalla del Armagedón (Apocalipsis 16:12).

En el versículo 15 se hace una declaración de la siguiente manera: «**hora, día, mes y año**». Esto nos permite apreciar que, Dios, en su eterna y plena potestad, tiene determinado con anticipación un día y hora específicos para cada acontecimiento, y esta no será la excepción.

En el versículo 16 se muestra el número de los jinetes, doscientos millones. Ciertamente un gran ejército; pero, ¿cómo será? Bien, este será muy peculiar:

Los jinetes: tendrán corazas de fuego, de zafiro y azufre.

Los caballos: sus cabezas serán como de leones y de sus bocas saldrá fuego, humo y azufre. Sus colas serán semejantes a serpientes, que con sus cabezas harán mucho daño.

Esto significa que, estos cuatro feroces ángeles rebeldes estarán al mando de este ejército de demonios, cuya función específica es matar a la tercera parte de los hombres. Claramente, el término «hombres» no está refiriéndose exclusivamente al sexo masculino; sino que se refiere a la raza humana en general. Para esos días, el pecado habrá llegado a sus niveles máximos, como jamás se ha visto.

Los hombres tendrán que cosechar el fruto de la pésima siembra que han hecho: han pisoteado la sangre del Cordero divino; han preferido correr hacia el mal y adorar imágenes; han preferido mirar a una piedra, a un pedazo de yeso o de madera que no ve, oye ni entiende, antes que volcar su mirada al Dios vivo y aceptar el sacrificio de su Hijo Jesús en la cruz del calvario.

Porque las costumbres de los pueblos son vanidad; porque leño del bosque cortaron, obras de manos de artífice con buril. Con plata y oro lo adornan; con clavos y martillo lo afirman para que no se mueva. Derechos están como palmera, y no hablan; son llevados, porque no pueden andar. No tengáis temor de ellos, porque ni pueden hacer mal, ni para hacer bien tienen poder (Jeremías 10:3-5).

Nuestro Dios está en los cielos, todo lo que quiso ha hecho. Los ídolos de ellos son plata y oro, obra de manos de hombres. Tienen boca, mas no hablan; tienen ojos, mas no ven; orejas tienen, mas no oyen; tienen narices, mas no huelen; manos tienen, mas no palpan; tienen pies mas no andan; no hablan con su garganta. Semejantes a ellos son los que los hacen, y cualquiera que confía en ellos (Salmo 115:3-8).

Este funcionamiento del hombre, que por cierto en esos días se incrementará altamente, es lo que lleva la mano de Dios al punto de derramar su ira de esta manera sobre la tierra. Pero, al igual que sucedió en Egipto cuando Dios sacó a su pueblo después de 430 años de esclavitud, cada vez que Moisés venía a entregarle al faraón un nuevo mensaje, el corazón de él se endurecía. Entonces Dios tenía que derramar una nueva plaga para enseñarle, no solo al faraón y al pueblo de Egipto; sino también al pueblo de Israel, que con Él no se juega ya que no es trapo ni juguete de nadie.

Así como declara la Palabra en Gálatas 6:7, **«Todo lo que el hombre sembrare, eso también segará»**; de la misma manera, dice Apocalipsis 9:20, los hombres que no fueron muertos hasta este momento, ni aun así, con todo lo que han visto y sufrido, se arrepentirán. Por el contrario, se darán aún más a adorar a demonios y a imágenes de oro, plata, bronce, piedra y madera. Tampoco se arrepentirán de sus homicidios, hechicerías, fornicaciones y hurtos.

Es importante recalcar que, durante el gobierno del anticristo, se prohibirá todo tipo de culto que esté dirigido al Dios vivo y verdadero; pero, por otra parte, se fomentará la idolatría, el ocultismo, hechicerías y todo lo que sea adoración a Satanás, en sus distintas manifestaciones y funcionamientos. Por otra parte, la palabra fornicación, en el griego, es la palabra «porneia», de la cual deriva «pornografía», y está íntimamente ligada con la lujuria, que también tiene distintas manifestaciones, entre ellas la homosexualidad.

Y el rey hará su voluntad, y se ensoberbecerá, y se engrandecerá sobre todo dios; y contra el Dios de los dioses hablará maravillas, y prosperará, hasta que sea consumada la ira; porque lo determinado se cumplirá. Del Dios de sus padres no hará caso, ni del amor de las mujeres; ni respetará a dios alguno, porque sobre todo se engrandecerá (Daniel 11: 36-37).

Algunos estudiosos de las escrituras sostienen que, cuando la Palabra declara, en esta porción, que del amor de las mujeres no hará caso, está claramente dejando saber que el anticristo será un homosexual.

De manera que no solo apoyará y fomentará la homosexualidad; sino que también la practicará.

Quiero hacer énfasis en este tema, el cual creo es de extrema importancia para nosotros, como cristianos, sobre todo en estos tiempos finales. Comienzo formulando la siguiente pregunta: **¿cuál debe ser la actitud correcta que debemos asumir frente al homosexualismo?**

Hace poco tuve la oportunidad de oír a una madre hacer una pregunta muy genuina, delante de un panel, en una reunión muy importante. La pregunta fue: **«¿Qué actitud debo asumir como madre para con mi hijo, quien es un muy buen muchacho y me ha dicho que es homosexual?»** Con mucho respeto, pero tristeza al mismo tiempo, debo decir que no pude oír una respuesta concreta y definitiva para esta señora. Solo se habló de la tolerancia que debemos tener con estas personas. Luego, un par de meses después, oí a otra madre haciendo la misma pregunta en un programa de radio y la respuesta que se le dio fue: «Dios nos acepta a todos como somos, porque Dios es amor».

Quiero y debo ser completamente claro en varios puntos:

1) Existe una enorme diferencia en que Dios me reciba como estoy a que Dios me acepte como soy. Dios recibe a todas las personas que vengan a Él arrepentidos. Entendiendo por arrepentimiento sincero una actitud de reconocer profundamente mi pecado, mi fallo, mi maldad, al punto que me asquea y me lleva a desear profundamente cambiar mi manera de vivir y actuar y, como yo entiendo y reconozco que por mí mismo soy inútil e incapaz de lograrlo, entonces decido, desde lo más profundo de mi corazón, entregarme a Jesús, el único que puede hacer realidad ese cambio en mí. Cuando yo vengo a Él, con esa actitud de entrega completa, me recibe con los brazos abiertos, sin importar las condiciones en las que me encuentre. La Palabra enseña que Dios nunca rechazará un corazón arrepentido.

Por otra parte, cuando yo digo: «Dios acepta a todos», estoy implicando que Él no exigirá ningún cambio de aquellos a quienes recibe, lo cual no es cierto. Es imposible que aquel que entrega su vida a Cristo Jesús genuinamente no experimente cambio. En Jesús, el único Dios, hay cambio. Cierro este párrafo enfatizando: Dios recibe al pecador en las condiciones que este se encuentre, se llame homosexual, borracho o criminal (el nombre del pecado no hace ninguna diferencia); pero lo recibe para transformarle la vida.

2) Dios no odia al homosexual. Dios ama a las personas sin hacer acepciones. Su Palabra declara que por todos murió. También dice que, de tal manera amó al mundo —al hombre; al género humano—, que entregó a su único Hijo para que muriera y derramara su sangre por nuestros pecados. La sangre de Jesús, derramada en la cruz del calvario, es **lo único** que tiene el poder necesario para limpiar el pecado del hombre. No hay otra forma, no existe. Cuando yo vengo a Él, cargado de pecados, y me entrego genuinamente, su sangre me limpia por completo, borra mi maldad y mi pasado, y comienza a transformar mi vida. Esa transformación se consolida con la obediencia que yo aplique a lo establecido en la Biblia.

87

3) El otro punto que debo establecer es la respuesta que esas madres, que mencione anteriormente, estaban buscando cuando presentaron sus preguntas. Primeramente, debo decir que, como cristiano, mi actitud o posición frente a estas personas nunca debe ser la de juzgar, acusar y mucho menos rechazar, sea cual sea su situación o vida presente o pasada. Existe un solo juez, Dios; y un solo acusador, Satanás; y yo no soy ninguno de los dos. Debo siempre recordar que yo también fui sacado del lodo, del fango. A mí también, Dios, en su amor y misericordia, me sacó del pozo de la desesperación y del lodo cenagoso. Me lavó en su poderosa sangre, me purificó, me paró sobre la roca que se llama Jesús, me dio su Santo Espíritu y cambió mi lamento en baile. En otras palabras, transformó mi vida, total y radicalmente.

De manera que, yo jamás debo mirar a los demás con desprecio, como si ellos no calificaran para ser salvos también. Por ello, Él nos hace una invitación muy clara y sencilla: **«Yo estoy llamando a la puerta de tu vida, sea cual sea tu situación, sea cual sea tu pecado; si tú oyes la voz de mi Espíritu y decides abrirme la puerta de tu vida, yo te prometo que voy a venir a vivir dentro de ti; te voy a lavar con mi sangre, te voy a sellar con mi Espíritu y voy a escribir tu nombre en mi libro en el cielo».**

Como hijo de Dios, mi posición debe ser siempre firme y apegada en todo momento a la verdad de la Palabra de Dios; sin embargo, llena de amor. Estoy llamado a ser un portador de su amor, para llegar a aquellos que aún no le han experimentado como el Dios salvador. Debo clamar a Él en todo momento para que su Espíritu de sabiduría se manifieste en mí para tratar con los demás. No puedo ni debo actuar por mis propias reacciones humanas. Yo soy un portador del amor de Dios para salvación y esa debe ser mi meta, llegar a todos con ese amor transformador; sea cual sea la condición en la que se encuentren.

Por otro lado, jamás debo ser arrastrado por mis sentimientos y comprometer la veracidad de la verdad. Debo aprender a amar lo que Dios ama y odiar lo que Dios odia. En otras palabras, debo odiar el pecado, pero amar al pecador y enseñarle el camino al cambio. Esta sería mi respuesta para esas madres:

Primero: Debes seguir amando profundamente a tu hijo o hija.

Segundo: Debes orar más intensamente por su vida. Todo lo que tú no puedes hacer, Dios es más que poderoso para hacerlo.

Tercero: No debes rechazarlo, porque Dios no lo rechaza; pero debes dejarle saber que no apoyas en lo absoluto el estilo de vida que está llevando o las acciones que está haciendo. Debes siempre permanecer firme en la posición y la verdad que está establecida en la Palabra. En otras palabras, tu amor a Dios siempre debe ser inmensamente mayor que el amor a tu hijo o hija. Recuerda que fuimos amados por Dios al punto que Él entregó la vida de su único Hijo por nosotros. De igual manera, mi amor por Él debe ser siempre inmensamente mayor que el amor a mis hijos.

¡El primer lugar en mi vida siempre debe pertenecerle a Dios y a su Hijo Jesús!

Permíteme reforzar este concepto con una analogía del siguiente pasaje de las Sagradas Escrituras. A esto le llamo **«la actitud de Abraham»**. En Génesis 22:1-18 encontramos todo el relato del evento en el cual Dios probó a Abraham y le ordenó que sacrificara a su único hijo; aquel que Dios le había prometido cuando Abraham ya era un hombre viejo y su esposa Sara ya había pasado por la menopausia.

En esa ocasión, Abraham supo creerle firmemente a Dios y Él lo premió con la llegada de Isaac, al cual tuvo que esperar por casi veinticinco años. Sin duda alguna, Abraham estaba vuelto loco con la llegada de ese niño, a quien anheló y esperó por tanto tiempo.

Con el correr de los años, la relación entre padre e hijo se volvió fuerte y sólida. Quizá no había cosa alguna que el muchacho deseara y el padre no procurara al máximo darle. Estando a ese nivel fue cuando Dios llamó a Abraham para pedirle una prueba de fe y amor:

Y dijo: Toma ahora tu hijo, tu único, Isaac, a quien amas, y vete a tierra de Moriah, y ofrécelo allí en holocausto sobre uno de los montes que yo te diré (Génesis 22:2).

Si analizamos el contenido de este versículo, podemos reconocer que Dios había venido observando la relación entre padre e hijo. Por eso le dice de entrada: **«tu hijo, tu único, Isaac, a quien amas»**. Sin embargo, Dios le pide que se lo presente en sacrificio. ¿Y por qué razón Dios le pediría esto a Abraham, si Él sabía cuánto este hombre amaba a su hijo? ¿Estaba acaso Dios siendo cruel con su amigo Abraham? De ninguna manera, esto era un examen que Abraham tenía que pasar, porque él mismo necesitaba ubicar sus prioridades y definir quién ocupaba el primer lugar en su corazón.

La reacción de Abraham pudo haber sido: «Señor, ¿cómo se te ocurre pedirme esto? ¡Tú sabes que esto es un imposible para mí! ¡Tú sabes cuánto amo a mi hijo! ¿Para qué me lo diste si después me pides que lo mate?» Pero, por el contrario, lo que Abraham hizo en ese momento fue soltarle a su hijo a Dios; en ningún momento hizo algún reclamo.

La Biblia dice que, al día siguiente, temprano por la mañana, Abraham se levantó y preparó todo lo necesario para el sacrificio que había que presentarle a Dios, y salió de camino hacia el lugar que Él le mostraría. Fueron tres días de camino, en los cuales Abraham tuvo más que suficiente tiempo para meditar. Tal vez para recordar los momentos más tiernos e inolvidables que había pasado con su hijo, desde el día de su nacimiento hasta ese momento. Además, durante ese trayecto, al muchacho le entró la curiosidad por preguntarle si tenían todo lo necesario para presentar sacrificio a Jehová, ya que no tenían el corderito, ignorando que Dios había dicho que él mismo debía ser el cordero para el sacrificio.

Estoy completamente seguro que esa pregunta, ¿dónde está el cordero?, fue la gota que rebalsó el vaso. A este punto, Abraham tenía que sentir un enorme nudo en la garganta y su corazón apretujado. Sin embargo, una vez más brotó de lo más profundo de su ser aquella fe sólida que se había desarrollado en su corazón a través de los años, y su respuesta fue concreta y sin titubear: ***«Dios se proveerá de cordero para el holocausto, hijo mío».***

Esta respuesta enseña cuánto Abraham conocía a Dios. Esa respuesta incluyó un sentir que decía: «¡Yo sé, porque sé, quién es el Dios Todopoderoso que hace unos años me regaló a mi hijo cuando no había esperanzas! ¡Mi Dios que no me falló ayer, ni hoy ni nunca me fallará!» Luego llegaron a un lugar y Dios le dijo a Abraham: «Es allí, en ese monte, que quiero que me presentes este sacrificio».

Entonces, Abraham les dice a sus siervos:

[...] Esperad aquí con el asno, y yo y el muchacho iremos hasta allí y adoraremos, y volveremos a vosotros (Génesis 22:5).

Analicemos juntos eso que les dijo:

1) Yo y el muchacho iremos (dos personas).
2) Yo y el muchacho adoraremos (dos personas).
3) Yo y el muchacho volveremos (dos personas).

Esta actitud en Abraham nos formula automáticamente la siguiente pregunta: ¿cuál fue el motor que llevó a Abraham a tener ese nivel de fe? Porque Dios en ningún momento le había prometido que le iba a proveer una salida para que su hijo no tuviera que morir; sin embargo, Abraham sabía, en lo más profundo de su corazón, que su hijo regresaría con él.

Porque en Cristo Jesús ni la circuncisión vale algo, ni la incircuncisión, sino la fe que obra por el amor (Gálatas 5:6).

Aunque las situaciones son completamente diferentes, entre lo que le pasó a Abraham con la orden que recibió de Dios de sacrificar a su hijo Isaac y lo que un padre o madre puedan estar viviendo con un hijo o hija que está envuelto en homosexualismo; en ambas situaciones hay un común denominador en relación a la actitud que se debe asumir: ¡el amor a Dios!

Fue precisamente el amor que Abraham había desarrollado por Dios lo que le llevó a creerle de esa manera y tal vez, en el momento más obscuro de su vida, pudo decir con toda certeza: **«Jehová se proveerá de cordero»**. Fue el amor por Dios lo que lo llevó a no hacer ningún reclamo ni a cuestionarle cuando le fue dada la orden de presentar a su hijo en sacrificio.

En otras palabras, **la actitud de este hombre fue**: «Dios mío, tú sabes cuánto amo a mi hijo. En estos años he aprendido a amarlo profundamente y tú lo sabes muy bien; sin embargo, Dios, a ti te amo mucho, pero mucho más que a él. Por lo tanto, decido hoy ir por encima de mis sentimientos y soltarte a mi hijo, al fin y al cabo es tuyo y Tú, Dios mío, eres el que ocupa el primer lugar en mi corazón».

De la misma manera debes tú mantener el amor a Dios por encima del amor a cualquier otra persona. Te garantizo que esa actitud traerá como premio una enorme bendición a tu vida. Quiero que por un momento observes el premio, la bendición que recibió Abraham, al haber pasado la prueba exitosamente:

Y dijo: Por mí mismo he jurado, dice Jehová, que por cuanto has hecho esto, y no me has rehusado tu hijo, tu único hijo; de cierto te bendeciré, y multiplicaré tu descendencia como las estrellas del cielo y como la arena que está a la orilla del mar; y tu descendencia poseerá las puertas de sus enemigos. En tu simiente serán benditas todas las naciones de la tierra, por cuanto obedeciste a mi voz (Génesis 22:16-18).

Dios le dijo a Abraham: Por cuanto de esta manera me has enseñado tu amor por mí y tu fe, yo decido y juro por mí mismo que:

1) Te bendeciré y multiplicaré tu descendencia de una manera que no la vas a poder contar **(bendición y multiplicación).**

2) Tu descendencia conquistará, peleará y siempre ganará y será sobre sus enemigos **(victoria y conquista).**

3) En tu simiente **(Jesús)**, todas las naciones de la tierra serán benditas **(salvación para la humanidad).**

Así que este es mi mensaje a los padres o madres que quizá puedan leer estas líneas: a pesar de lo que estés viviendo con tus hijos, si te concentras en desarrollar tu nivel de amor por Dios y decides entregarlos a Él, sabiendo que es Todopoderoso y te sabrá premiar si le obedeces sus principios; si oras e intercedes intensamente por ellos y expresas palabras de edificación para sus vidas, yo te garantizo, de parte de Dios, que al igual que a Abraham, Él te dará una bendición multiplicada, con victoria y salvación para ellos. Pruébalo, Él nunca te fallará.

Cuarto: Debes dejarle saber cuánto lo amas, pero al mismo tiempo que no estás de acuerdo con lo que está practicando; porque Dios mismo no está de acuerdo. Déjale saber también que Dios lo espera con los brazos abiertos para lavarlo, limpiarlo de todo pecado y darle un nuevo rumbo a su vida.

Quinto: Además, debo establecer que, el hecho de que yo no rechace a mi hijo o hija por el tipo de vida que está llevando, no implica de ninguna manera que voy a permitirle que traiga a mi casa el pecado que está practicando, y esto es tan igual para el homosexual como para aquel que está llevando una relación de fornicación o cualquier otro tipo de práctica pecaminosa.

Ahora bien, retomando el tema de la plaga de los doscientos millones de demonios, los cuales matarán a una tercera parte de los hombres; los que mueran durante el tiempo de esta plaga no serán muertos por los jinetes, ya que estos solo dirigirán a los caballos. Son los caballos los que matarán a los hombres, con el fuego y azufre que saldrá por sus bocas y con sus colas-serpientes.

Estos caballos-demonios serán, en alguna medida, semejantes a los demonios-langostas que mencionamos anteriormente; pero con una diferencia bien marcada: a los demonios-langostas se les dará la orden de no matar a los moradores de la tierra, sino de torturarlos por un espacio de cinco meses.

Estos caballos-demonios, por su parte, vienen con orden específica de matar a una tercera parte de los moradores de la tierra y tampoco se especifica por cuánto tiempo estarán actuando, aunque se puede suponer que, como caballos veloces, su acción será más bien rápida.

Al entrar en el capítulo 10, toma lugar un receso entre la sexta y la séptima trompeta y aparece un ángel de la siguiente forma:

Vi descender del cielo a otro ángel fuerte, envuelto en una nube, con el arco iris sobre su cabeza; y su rostro era como el sol, y sus pies como columnas de fuego. Tenía en su mano un librito abierto; y puso su pie derecho sobre el mar, y el izquierdo sobre la tierra; y clamó a gran voz, como ruge un león; y cuando hubo clamado, siete truenos emitieron sus voces. Cuando los siete truenos hubieron emitido sus voces, yo iba a escribir; pero oí una voz del cielo que me decía: Sella las cosas que los siete truenos han dicho, y no las escribas. Y el ángel que vi en pie sobre el mar y sobre la tierra, levantó su mano al cielo, y juró por el que vive por los siglos, que creó el cielo y las cosas que están en él, y la tierra y las cosas que están en ella, y el mar y las cosas que están en él, que el tiempo no sería más, sino que en los días de la voz del séptimo ángel, cuando él comience a tocar la trompeta, el misterio de Dios se consumará, como él anunció a sus siervos los profetas (Apocalipsis 10:1-7).

¿Quién es este ángel fuerte? ¿Será una aparición de Cristo? Aunque por las descripciones que se dan de él, «envuelto en una nube», «su rostro como el sol» y «sus pies como columnas de fuego», se podría pensar que sí es Cristo —y de hecho algunos creen y enseñan que lo es—, el apoyarnos en estas descripciones no es suficiente para sostener esta teoría. Veamos por qué:

En Apocalipsis, la palabra o término ángel es únicamente usada para hacer mención a:

• Los ángeles puestos por Dios sobre sus iglesias –pastores– (Apocalipsis 1:19).

• Los ángeles caídos (Apocalipsis 9:11-15; 12:7-10).

• Los ángeles que sirven a Dios.

Cuando el escritor de Apocalipsis se refiere a Cristo, le da otro tipo de título, por ejemplo:

• Uno semejante al Hijo del hombre (Apocalipsis 1:13).
• El León de la tribu de Judá, la raíz de David (Apocalipsis 5:5).

• Un Cordero como inmolado (Apocalipsis 5:6).

• El Cordero (Apocalipsis 6:1 y 14:1).

• El Jinete del caballo blanco [fiel y verdadero] (Apocalipsis 19:11).

• El Alfa y la Omega (Apocalipsis 21:6 y 22:13).

Por otra parte, el término «otro» lo coloca en el nivel de ángel, aunque el calificativo «fuerte» nos enseña que es un ángel de alto rango. Concluyo diciendo que este ángel no es Cristo. Y ahora, ¿por qué puso un pie en la tierra y el otro en el mar?

Todo lugar que pisare la planta de vuestro pie será vuestro [...] (Deuteronomio 11:24).

Esto no es solo una promesa de Dios; sino que es un principio suyo. La Palabra declara: «*Jehová es varón de guerra*» (*Éxodo 15:3*). Por lo tanto, como guerrero que es, tiene como parte intrínseca de su carácter el ser un **conquistador**, y en su corazón siempre ha existido el más profundo deseo de transmitir este principio a su Iglesia y que seamos conquistadores también. Por esta razón es que lo vemos prometiendo a su pueblo, a través de su profeta Moisés: **Todo lugar que pise la planta de vuestro pie, será vuestro.** Y luego a través de Josué: *Nadie te podrá hacer frente en todos los días de tu vida [...]* (*Josué 1:5*). A Jeremías se le dijo: *Y pelearán contra ti, pero no te vencerán [...] (Jeremías 1:19)*. Y Jesús repitió esta misma promesa para su iglesia: *Yo también te digo [...] Y sobre ésta roca edificaré mi iglesia; y las puertas del Hades no prevalecerán contra ella (Mateo 16:18)*.

Aquí, Jesús promete que, sobre la declaración que Pedro acaba de hacer acerca de que Él era el Cristo, el Hijo del Dios viviente, que Él edificaría su iglesia y, al mismo tiempo, deja ver el deseo de su corazón, que es el mismo que el de su Padre, y es que su pueblo, su iglesia, esté tan llena de su poder y autoridad que las puertas del mismo infierno no puedan prevalecer contra ella. Y que esté compuesta de guerreros conquistadores y vencedores, llenos del poder del Espíritu Santo; y que todo lo que pise la planta de nuestros pies se convierta en territorio nuestro.

De manera que, aquí en el capítulo 10 de Apocalipsis, lo que vemos hacer al ángel está basado en el mismo principio. El acto de pisar la tierra y el mar al mismo tiempo es un acto en el cual él está reclamando y recuperando lo que una vez Satanás había robado arbitrariamente.

Recordemos cuando Satanás llevó a Jesús a un monte alto y le enseñó todos los reinos de la tierra, y le dijo: «A ti te los daré si te postras y me adoras». Esto provocó que Jesús lo echara del lugar. Acto seguido, levanta su voz y jura por el que vive por los siglos de los siglos que el tiempo no sería más (versículo 6).

En otras palabras, no hay más tiempo, no hay más tregua, no hay más demora; la paciencia de Dios ha sido suspendida y lo que está determinado tomará lugar pronto. En el versículo 3 dice que el ángel clamó a gran voz; y cuando hubo clamado, siete truenos emitieron sus voces y dijeron algo.

No sabemos qué dijeron exactamente y no nos interesa saberlo, porque no nos incumbe. A Juan no se le permitió escribir lo que los siete truenos dijeron; esto es algo secreto de Dios. La Biblia nos enseña, en Deuteronomio 29:29, que las cosas secretas pertenecen a Dios y que nosotros debemos preocuparnos por obedecer y poner por obra lo que nos ha sido revelado.

Luego, el apóstol oyó una voz del cielo que le dio la orden de ir y tomar el librito de la mano del ángel. Pero, ¿y qué libro es este? ¿Será acaso el mismo libro visto en el capítulo cinco? No, no lo es. El libro del capítulo cinco nadie podía ni mirarlo, mucho menos tocarlo o abrirlo; solamente el Cordero. Este era un librito que ya estaba abierto en la mano del ángel, por lo tanto, es de suponer que él lo había visto. Después, Juan tiene que tomarlo y comérselo, pues esa fue la orden, y para eso él también tuvo que haberlo visto y tocado.

Este librito representa la Palabra de Dios. Dice que es dulce en la boca, llena de bendiciones, llena de promesas; pero amarga en el vientre, porque cuando la digiero y aprendo que todas esas dulces promesas están condicionadas a la obediencia, entonces se vuelve amarga para mi carne, para mi mente, para mi voluntad, que están acostumbradas a otro funcionamiento muy diferente al que Dios nos enseña en ella. Entonces, se desata una guerra campal entre la carne y el Espíritu. El apóstol Pablo nos habla de esto de la siguiente manera:

> *Digo, pues: Andad en el Espíritu, y no satisfagáis los deseos de la carne. Porque el deseo de la carne es contra el Espíritu, y el del Espíritu contra la carne; y estos se oponen entre sí [...] (Gálatas 5:16-17)*

Santiago nos enseña que estamos llamados a ser hacedores de la Palabra, no solamente oidores. No podemos llevar un mensaje a nadie si primero no lo hacemos nuestro y somos hacedores del mismo. Yo no puedo enseñar a nadie a hacer algo que yo no hago; de otra manera, sería un fariseo; un simple religioso e hipócrita. Santiago nos enseña en su capítulo 2, versículos 14 en adelante, que nuestras palabras deben estar respaldadas por nuestras obras.

En los versículos uno y dos del capítulo 11, vemos al apóstol tomando las medidas del templo con una caña de medir que le fue entregada. Anteriormente hice mención al hecho de que el templo judío debe ser reconstruido y que tiene que ser levantado en un lugar que en este mismo momento se encuentra bajo ocupación árabe.

Este es el lugar en donde se encuentra la mezquita de Omar. Pero, ¿qué ha sucedido en este territorio a través de los tiempos? A continuación encontrarás un relato cronológico de los acontecimientos y la ocupación de este territorio:

1. Abraham presenta a su hijo Isaac en sacrificio a Jehová en este lugar (Gen 22:2 y 14).

2. David compró este territorio que era propiedad de Arauna Jebuseo y en este lugar levantó altar y presentó sacrificio a Jehová (2 Samuel 24:18-25 y 1 Crónicas 21:18-30). Luego vemos en el capítulo 22:1 que David dijo: *«Aquí estará la casa de Jehová Dios».*

3. En este lugar Salomón construyó el primer templo judío y durante treinta y tres años mantuvo su esplendor y su gloria. Este primer templo fue saqueado por Sisar, rey de Egipto (1 Reyes 14:25-26). Luego fue profanado por varios; entre ellos Senaquerib y Hazael (2 Reyes 12, 14, 16, 18, 24). Finalmente, Nabucodonosor lo destruyó entre los años 588 y 586 A.C.

4. Al mando de Zorobabel, se construyó el segundo templo con los judíos que regresaron del exilio babilónico (Esdras 1:1-11; 2:1-2; 3:8-10).

5. En el año 168 A.C., Antíoco Macabeo restaura y purifica este templo.

6. En el año 20, Herodes el Grande cubre los gastos para la reedificación y embellecimiento del templo judío (por eso se le conoce como el templo de Herodes). Sobre este templo fue que Jesús profetizó: *«No quedará piedra sobre piedra, que no sea derribada» (Marcos 13:2).*

7. Esta profecía se cumplió cuando, en el año 70 D.C., el ejército romano destruyó el templo judío.

8. En 1967, Israel recuperó de manos de los árabes la ciudad de Jerusalén, durante la guerra de los seis días. Pero este territorio aún permanece bajo ocupación árabe y allí se encuentra establecida la mezquita de Omar.

Es obvio que, para poder reconstruir el templo judío por última vez, Israel tiene que recuperar este territorio de manos de los árabes. Lo más probable es que sea a través de una violenta guerra, como lo fue la guerra de los seis días, en la cual, Dios, Jehová de los Ejércitos, el Varón de Guerra, se glorificará una vez más a favor de su pueblo escogido y amado eternamente.

Y daré a mis dos testigos que profeticen por mil doscientos sesenta días, vestidos de cilicio (Apocalipsis 11:3).

¿QUIÉNES SON LOS DOS TESTIGOS?

Existen distintas posiciones en cuanto a quiénes son los dos testigos. Hay escuelas y maestros que enseñan que ellos son Elías y Enoc; hay otra línea de enseñanza que sostiene que son Elías y Moisés. Yo quiero invitarte a descubrirlo ahora. Las Sagradas Escrituras describen a estos dos personajes de la siguiente manera:

Estos testigos son los dos olivos, y los dos candeleros que están en pie delante del Dios de la tierra. Si alguno quiere dañarlos, sale fuego de la boca de ellos, y devora a sus enemigos; y si alguno quiere hacerles daño, debe morir él de la misma manera. Estos tienen poder para cerrar el cielo, a fin de que no llueva en los días de su profecía; y tienen poder sobre las aguas para convertirlas en sangre, y para herir la tierra con toda plaga, cuantas veces quieran (Apocalipsis 11:4-6).

Primero:

Versículo 6a, dice: **Estos tienen poder para cerrar el cielo, a fin de que no llueva en los días de su profecía.**

Vemos lo que la Palabra nos enseña al respecto:

Entonces Elías tisbita que era de los moradores de Galaad, dijo a Acab: Vive Jehová Dios de Israel, en cuya presencia estoy, que no habrá lluvia ni rocío en estos años, sino por mi palabra. Pasados algunos días, se secó el arroyo, porque no había llovido sobre la tierra (1 Reyes 17:1 y 7).

Entonces Elías dijo a Acab: Sube, come y bebe; porque una lluvia grande se oye. Acab subió a comer y a beber. Y Elías subió a la cumbre del Carmelo, y postrándose en tierra, puso su rostro entre las rodillas. Y dijo a su criado: Sube ahora y mira hacia el mar. Y él subió y miró, y dijo: No hay nada. Y él le volvió a decir: Vuelve siete veces. A la séptima vez dijo: Yo veo una pequeña nube como la palma de la mano de un hombre, que sube del mar. Y él le dijo: ve, y di a Acab: Unce tu carro y desciende, para que la lluvia no te ataje. Y aconteció, estando en esto, que los cielos se oscurecieron con nubes y viento, y hubo una gran lluvia [...] (1 Reyes 18:41-45)

Santiago 5:17 y 18 declara que Elías oró fervientemente para que no lloviese, y no llovió sobre la tierra por tres años y seis meses. Y otra vez oró, y el cielo dio lluvia. Por lo tanto, está completamente claro que la Palabra nos habla del mismo poder, de la misma manifestación del Espíritu Santo; tanto en el Elías del Antiguo Testamento, como en el primer testigo del Apocalipsis. Recordemos que Elías fue llevado al cielo en un carro de fuego sin conocer la muerte (2 Reyes 2:1-12).

Segundo:
Quienes sostienen que el segundo testigo debe ser Enoc, se basan justamente en el hecho de que él es la otra persona a quien la Biblia se refiere que fue recogido sin ver muerte. Ellos se apoyan en el siguiente versículo:

Y de la manera que está establecido para los hombres que mueran una sola vez, y después de esto el juicio (Hebreos 9:27).

Apoyados en este versículo, sostienen que Enoc tiene que regresar a la tierra para morir. Esta teoría está en contraposición con esta enseñanza:

Luego nosotros los que vivimos, los que hayamos quedado, seremos arrebatados juntamente con ellos en las nubes para recibir al Señor en el aire, y así estaremos siempre con el Señor (1 Tesalonicenses 4:17).

Esto ya lo mencioné anteriormente, los justos, los hijos de Dios que hayamos guardado nuestras vestiduras, cuidando de nuestra salvación con temor y temblor; que nos encontremos con vida en el momento del toque de la trompeta, tampoco conoceremos la muerte; sino que nuestros cuerpos serán transformados en cuerpos glorificados, como el que recibió Jesús al resucitar.

Y, ¿por qué fue llevado Enoc a la presencia de Dios sin conocer la muerte? La Biblia nos dice:

Caminó, pues, Enoc con Dios, y desapareció, porque le llevó Dios (Génesis 5:24).

Por la fe Enoc fue traspuesto para no ver muerte, y no fue hallado, porque lo traspuso Dios; y antes de que fuese traspuesto, tuvo testimonio de haber agradado a Dios (Hebreos 11:5).

De manera que, a la luz de estos versículos, aprendemos que los no-hijos de Dios (aquellos que nunca le han agradado ni han tenido la fe necesaria para ser justificados), tendrán que conocer la muerte. No así sus hijos (aquellos que a través de la fe hemos sido justificados). Algunos sí conocerán la muerte, porque les tocará partir antes del arrebatamiento. Otros, aquellos que estarán con vida en el momento del arrebatamiento, velando como las vírgenes prudentes, con las lámparas llenas de aceite, no conocerán la muerte física; sino que sus cuerpos serán transformados en cuerpos glorificados. **Enoc viene a ser entonces un prototipo de este grupo que será recogido sin ver la muerte.**

En Hebreos 11:5 vemos que se descarta categóricamente la posibilidad de muerte para Enoc; porque se establece muy claro que Dios lo trasladó **«para no ver muerte»**. Esta expresión, gramaticalmente hablando, está en un estado infinitivo; lo cual significa que no solamente no murió, sino que no morirá. De manera que no hay apoyo bíblico para decir que él tiene que regresar para morir y con ello descartamos la posibilidad de que Enoc sea el segundo testigo apocalíptico.

Tercero:

Y tienen poder sobre las aguas para convertirlas en sangre, y para herir la tierra con toda plaga, cuantas veces quieran (Apocalipsis 11:6).

En el libro de Éxodo, desde el capítulo 7 hasta el 11, encontramos el minucioso relato de cómo el poder de Dios se manifestó en Moisés una y otra vez. Cada vez que iba delante del faraón, el poder de Dios se derramaba, respaldando las palabras de su profeta. Cuando comparamos el relato de estos capítulos de Éxodo con la descripción del segundo testigo del Apocalipsis, nos damos cuenta que de quien se está hablando es de Moisés. Dirá alguno: «Sí, pero es que Moisés murió y Enoc no ha muerto».

Lucas 9:28-36 nos relata el evento sucedido en el monte de la transfiguración. Este evento fue presenciado por Pedro, Jacobo y Juan, delante de quienes Jesús se transfiguró y se presentó a ellos, juntamente con Moisés y Elías.

Quienes aparecieron rodeados de gloria, y hablaban de su partida, que iba Jesús a cumplir en Jerusalén (Lucas 9:31).

La gloria descrita, rodeando los cuerpos de Moisés y Elías, nos enseña que ellos poseen cuerpos transfigurados, al igual que se encontraba el de Jesús en ese momento. Pero, cuando descendieron del monte, el cuerpo de Jesús ya no estaba transfigurado, había regresado a su forma pasada y luego experimentó la muerte en el calvario. Así mismo sucederá con los cuerpos de Moisés y Elías, regresarán a su forma anterior para luego experimentar la muerte.

La escritura declara que, cuando Dios recogió a Moisés, lo enterró en un lugar donde nadie supo (Deuteronomio 34:5). Sus razones tenía para hacerlo de esa manera. Dios sabía que si el pueblo de Israel se enteraba dónde estaba el cuerpo del profeta, rápidamente levantarían una estatua en ese lugar y harían de Moisés un ídolo. Pero, aparentemente, Satanás encontró el lugar de su sepultura y trató de apoderarse del cuerpo; quizá con el propósito de que los israelitas cayeran en esa idolatría. Y dice Judas, versículo 9, que el Arcángel Miguel disputó con Satanás por el cuerpo de Moisés y Miguel venció en el poder de Dios, cuando le dijo: «El Señor te reprenda». Lo más probable es que en ese momento Dios lo restauró con un cuerpo celestial y lo trasladó al cielo.

De manera que, afirmamos la teoría de que estos dos testigos son Moisés y Elías. Ahora bien, ¿por qué son mencionados como «los dos olivos»? Este término implica la magnitud del poder del Espíritu Santo que reposará sobre ellos.

Hablé más, y le dije: ¿Qué significan estos dos olivos a la derecha del candelabro y a su izquierda? Hablé aún de nuevo, y le dije: ¿Que significan las dos ramas de olivo que por medio de dos tubos de oro vierten de sí aceite como oro? Y me respondió

107

diciendo: ¿No sabes qué es esto? Y dije: Señor mío, no. Y él dijo: Estos son los dos ungidos que están delante del Señor de toda la tierra (Zacarías 4:11-14).

Los árboles de olivo representan una fuente incesante de aceite. El aceite es símbolo del Espíritu Santo que fluirá incesantemente sobre estos dos testigos para el desarrollo de su ministerio.

¿EN QUÉ MOMENTO HARÁN SU APARICIÓN LOS DOS TESTIGOS?

He aquí, yo os envío el profeta Elías, antes que venga el día de Jehová, grande y terrible (Malaquías 4:5).

El ministerio de los dos testigos, como vimos anteriormente, tendrá una duración de mil doscientos sesenta días, lo que equivale a cuarenta y dos meses o tres años y medio. Malaquías nos dice que será antes que venga el día del Señor, grande y terrible. Pero, ¿cuál es ese día?

Primeramente, sabemos que la Biblia aquí no está usando el término «día» como un periodo de veinticuatro horas, sino más bien para señalar un evento específico. Hay quienes enseñan que «ese día» es la segunda etapa de la gran tribulación y que por ende tendrá una duración de tres años y medio. Pero en el siguiente versículo se define de la siguiente manera:

Porque he aquí, viene el día ardiente como un horno, todos los soberbios y todos los que hacen maldad serán estopa; aquel día que vendrá los abrasará, ha dicho Jehová de los ejércitos, y no les dejará ni raíz ni rama (Malaquías 4:1).

El comentario de la Biblia de estudio pentecostal nos afirma que el término **«día»**, aquí se está refiriendo al evento conocido como **«la segunda venida de Cristo»**.

E irá delante de él con el espíritu y el poder de Elías [...] (Lucas 1:17).

Aquí, el ángel está hablando con Zacarías, padre de Juan el Bautista, y declarándole, de parte de Dios, cómo Él se manifestaría en la vida y en el ministerio de su hijo. Juan vino lleno del poder del Espíritu de Dios a preparar el camino para la llegada del Mesías en su primera venida a este mundo. Elías regresa, acompañado por Moisés, con un fluir incesante del poder de Dios en él, antecediendo la segunda venida de Jesús. En la primera ocasión, el Salvador entró en el mundo de una manera completamente humilde, sin que ni siquiera se le encuentre un lugar decente en donde nacer; y luego, treinta y tres años después, entró en Jerusalén cabalgando sobre un pollino. Ahora vendrá de una manera muy diferente, en otras circunstancias y en otras condiciones.

¿QUÉ SUCEDERÁ CON LOS DOS TESTIGOS?

El ministerio de los dos testigos será violento, lleno del poder de Dios. El verdadero profeta de Dios no se puede quedar callado ante las injusticias, ni hacerse indiferente y asumir la posición de: «Ese no es mi problema, por lo tanto, me quedaré callado». No, cuando Dios mueve a hablar, simplemente hay que hablar lo que Él manda. El ministerio del profeta no es un ministerio fácil y en muchas ocasiones es mal entendido, criticado y perseguido.

Entonces el sacerdote Amasías de Bet-el envió a decir a Jeroboan rey de Israel: Amós se ha levantado contra ti en medio de la casa de Israel; la tierra no puede sufrir todas sus palabras (Amós 7:10).

Es evidente que las palabras del profeta no eran nada suaves ni alentadoras y, por eso, ellos estaban hablando de esa manera en referencia a él. En el caso de Juan el Bautista, de acuerdo a los relatos de Marcos 6:14-28 y Mateo 14:1-12, le costó su propia cabeza el pararse y hablar lo que tenía que decir.

Él confrontó a Herodes con su pecado y le dijo: **«No te es lícito tomar por mujer a la esposa de tu hermano»**, y por esa razón fue encarcelado y Herodías tendió lazo y luego consiguió que le trajeran en un plato su cabeza.

La manifestación del espíritu de Elías es fuerte y hace del profeta un confrontador que tiene que estar muy bien parado para hablar siempre lo que Dios dice, cómo Dios dice y a quién Dios dice; sin importar la posición que esa persona tenga, la edad que tenga o lo famosa que sea.

Tanto Moisés como Elías eran, en esencia, unos tremendos confrontadores. Moisés se paró delante del faraón, una y otra vez, y le dijo: **«Jehová el Dios de Israel dice: Deja ir a mi pueblo para que me adore»**. Fueron repetidas las veces en que Moisés vino delante del faraón con este requerimiento de parte de Dios; y cada vez que este se endurecía y se negaba a hacer lo que Él había dicho, el poder de Dios se derramaba y se manifestaba en las plagas que fueron derramadas sobre la tierra de Egipto. Elías le dijo al rey Acab: «Te has vendido a hacer lo malo delante de Jehová» (1 Reyes 21:20). En otra ocasión le dijo: «Yo no he turbado a Israel, sino tú y la casa de tu padre, dejando los mandamientos de Jehová y siguiendo a los baales» (1 Reyes 18:18).

De esta misma manera es que estos dos testigos, Moisés y Elías, funcionarán por tres años y medio de ministerio, durante el gobierno del anticristo. Ellos representarán un tormento para el sistema. Tratarán de matarlos en más de una ocasión; pero ellos contarán con una protección especial y milagrosa de parte de Dios. Cada vez que traten de hacerles algo, eso mismo se volverá a sus enemigos y los matará. Nadie les podrá poner un dedo encima hasta que los mil doscientos sesenta días de sus ministerios se hayan cumplido. Cuando el tiempo se cumpla, la bestia que sube del abismo peleará en su contra, los vencerá y los matará.

¿Por qué? ¿Acaso la bestia tendrá más poder que ellos? De ninguna manera, simplemente su función, su ministerio, su testimonio para ese momento, ya estará concluido; por lo tanto, ellos ya no tendrán nada más qué hacer aquí. Sus cadáveres no serán enterrados, permanecerán a la vista de todo el mundo por tres días. Es importante recalcar que, aunque estos dos personajes saldrán de un territorio geográfico específico que será Jerusalén; su fama correrá por doquier a través de los circuitos televisivos, debido a los conflictos que le ocasionarán al sistema. Cuando la gente vea sus cadáveres tirados en una plaza por tres días —la Biblia usa la expresión **«los habitantes de la tierra»**, dejando ver claramente que esto tendrá un carácter mundial—, se alegrarán y se enviarán regalos los unos a los otros. Esta alegría, y el enviarse regalos como señal de festejo, indican el tormento que ellos representaban para el sistema gobernante y sus seguidores. Pero, qué sorpresa se llevarán al tercer día, cuando el Espíritu Santo los levante de entre los muertos y todos, atónitos, presencien que ellos sean recogidos al cielo en una nube.

Exactamente lo mismo sucedió cuando crucificaron a Jesús. La Biblia declara que los cielos se oscurecieron y hubo truenos y relámpagos. El mundo de las tinieblas se puso de fiesta, creyendo haberse anotado la victoria más importante de toda su historia; pero, grande fue la sorpresa que se llevaron al tercer día cuando el Espíritu de Dios hizo su aparición y levantó a Jesús de entre los muertos. Sin embargo, aunque Dios los levanta de entre los muertos, aquellos que los mataron o que de alguna manera cooperaron para su muerte recibirán su pago.

En aquella hora hubo un gran terremoto, y la décima parte de la ciudad se derrumbó, y por el terremoto murieron en número de siete mil hombres; y los demás se aterrorizaron, y dieron gloria al Dios del cielo (Apocalipsis 11:13).

Debo dejar en claro que, el hecho de que la Biblia diga que ellos dieron gloria al Dios del cielo, no necesariamente significa que ellos se arrepintieron y cambiaron. No, el dar gloria a Dios aquí significa que ellos lo hicieron porque se encontraban en pánico por lo que acababa de suceder. Este dar gloria a Dios no es el que lleva a la persona a adquirir su salvación; porque no está basado en arrepentimiento, sino en miedo. También Nabucodonosor, después de su experiencia de locura durante siete años, dijo:

Yo Nabucodonosor alcé mis ojos al cielo, y mi razón me fue devuelta; y bendije al Altísimo, y alabé y glorifiqué al que vive para siempre [...] (Daniel 4:34).

Sin embargo, no hay pruebas ni suficiente soporte bíblico para decir que Nabudonosor se entregó a Dios por completo, ni que sirvió a Dios o tampoco que fue salvo.

EL TERCER «AY»:

El segundo ay pasó; he aquí, el tercer ay viene pronto (Apocalipsis 11:14).

El toque de la séptima trompeta o tercer ay nos introduce a una serie de eventos de juicio que nos acercan aún más a la llegada del tiempo del fin. No entraré en detallar cada uno de ellos, porque no es mi propósito penetrar con profundidad en detalles escatológicos; el propósito es más bien proveerte de una verdad clara y sencilla de los eventos que tomarán lugar, para que los mismos no te tomen desapercibido y te prepares para enfrentar todo aquello que está establecido que vendrá sobre la humanidad.

Así que, esta última trompeta nos lleva a la revelación de Cristo, al juicio de las naciones y a la era milenial (el reinado terrenal de Cristo por mil años). Nos habla de la adoración de los veinticuatro ancianos que se postran y adoran a Dios; y de que el templo de Dios fue abierto en el cielo y en él se veía su arca (el arca es un prototipo de Cristo). Dios-Hombre, cien por ciento Dios y cien por ciento hombre. Algo interesante de mencionar es que el arca estaba construida de madera de acacia, un tipo de madera completamente torcida y de la cual hubo que sacar tablones perfectamente derechos para su construcción; esto nos habla de la humanidad y de la parte humana de Jesús.

Ahora bien, la madera del arca estaba completa y perfectamente forrada de oro puro, el cual nos habla de la divinidad de Cristo. Este es precisamente el significado del nombre Jesucristo: Jesús el Hombre, Cristo el Ungido, el Bendito, el santo Dios de todos los tiempos. De hecho, cuando la Biblia nos habla de Jesucristo, está haciendo énfasis en su parte humana; y cuando nos habla de Cristo Jesús, está haciendo énfasis en su parte divina.

CAPÍTULO

4

LA ETERNA PRESECUCIÓN

¡Cómo caíste del cielo, oh Lucero, hijo de la mañana! Cortado fuiste por tierra, tú que debilitabas a las naciones. Tú que decías en tu corazón: Subiré al cielo; en lo alto, junto a las estrellas de Dios, levantaré mi trono, y en el monte del testimonio me sentaré, a los lados del norte; sobre las alturas de las nubes subiré, y seré semejante al Altísimo (Isaías 14:12-14).

Este es el relato del plan trazado por Lucero, aquel querubín grande y fuerte; acabado de hermosura y el sello de la perfección (Ezequiel 28:12). A él se le había preparado una hermosa fiesta el día de su creación; sin embargo, el orgullo y la codicia lo llevaron a preparar este plan, el cual estaba completamente seguro que se llevaría a cabo dentro de lo planificado. Analicemos lo que dice:

«Subiré al cielo», «levantaré mi trono», «en el monte del testimonio me sentaré», «sobre las alturas de las nubes subiré», «seré semejante al Altísimo».

Todas son expresiones afirmativas. La Biblia dice, en Ezequiel 28:15, que este querubín caminó en la perfección en que había sido creado, hasta un día en que permitió que su corazón fuera minado con el orgullo a causa de su belleza, y con la ambición y la codicia de ser igual a su Dios y Creador. Poco a poco se fue convenciendo a sí mismo que lo único que le faltaba para su igual, era subir y guerrear contra Él.

Manipuló a los ángeles que tenía bajo su mando (una tercera parte del ejército angelical) Apocalipsis 12:4 declara: *«Y su cola arrastraba la tercera parte de las estrellas del cielo»*, y los arrastró con él para librar su batalla contra Dios. ¡Pobre diablo! Cuán estúpido y necio se volvió que creyó en su propia mentira. Y qué sorpresa se llevó cuando se enfrentó a su realidad: su deseo jamás podrá tomar lugar. Nadie, absolutamente nadie puede ser igual a Dios. Lo que fue rotundo y contundente fue su fracaso. La Biblia lo relata de la siguiente manera:

Más tú derribado eres hasta el Seól, a los lados del abismo (Isaías 14:15).

[...] Yo, pues, saqué fuego de en medio de ti, el cual te consumió, y te puse en ceniza sobre la tierra a los ojos de todos los que te miran [...] Espanto serás, y para siempre dejarás de ser (Ezequiel 28:18-19).

Jesús, refiriéndose a este acontecimiento dijo:

Yo veía a Satanás caer del cielo como un rayo (Lucas 10:18).

Desde aquel día, el día de su fatal y fallido intento de golpe, su orgullo herido y su frustración lo llevaron a odiar profundamente a Dios; y desde ese momento se ha empeñado en causar, de alguna manera, dolor al corazón de Dios. Consiguió, a través de engaño y mentiras, inyectar en el corazón de Eva la misma codicia que él había tenido, ser igual a Dios.

Entonces la serpiente dijo a la mujer: No moriréis; sino que sabe Dios que el día que comáis de él, serán abiertos vuestros ojos, y seréis como Dios, sabiendo el bien y el mal. Y vio la mujer que el árbol era bueno para comer, y era agradable a los ojos, y árbol codiciable para alcanzar sabiduría [...] (Génesis 3:4-6).

A través de este salvaje acto de engaño y mentira, Satanás consiguió someter al hombre y a la mujer como sus esclavos, y a través de ellos a toda la raza humana. Pero Dios proveyó inmediatamente la solución para esta situación. Su Palabra declara, en la carta de Pablo a los Romanos, capítulo 5, versículos 12 al 21 que, así como el pecado entró en el mundo por un hombre, Adán, y a través de él toda la raza humana heredó la muerte (separación de Dios), así también, a través de la obediencia de un hombre, Jesucristo, la salvación se ha hecho disponible para todo aquel que quiera creer en el poder de su sacrificio y de su sangre derramada en la cruz del calvario.

Jesús, hablando en una de sus parábolas, hizo el relato de los labradores malvados:

Oíd otra parábola: Hubo un hombre, padre de familia, el cual plantó una viña, la cercó de vallado, cavó en ella un lagar, edificó una torre, y la arrendó a unos labradores, y se fue lejos. Y cuando se acercó el tiempo de los frutos, envió sus siervos a los labradores, para que recibiesen sus frutos. Mas los labradores, tomando a los siervos, a uno golpearon, a otro mataron, y a otro apedrearon. Envió de nuevo otros siervos, más que los primeros; e hicieron con ellos de la misma manera. Finalmente les envió su hijo, diciendo: Tendrán respeto a mi hijo. Mas los labradores, cuando vieron al hijo, dijeron entre sí: Este es el heredero; venid, matémosle, y apoderémonos de su heredad. Y tomándole, le echaron fuera de la viña, y le mataron (Mateo 21: 33-39).

En este relato, Jesús hablaba de los profetas del Antiguo Testamento, quienes fueron enviados por Dios y a cambio recibieron golpes, maltratos, persecución y hasta la muerte. Es evidente que Jesús hablaba también de su propia persona. Desde su nacimiento fue perseguido. Su madre, María, y su padre terrenal, José, tuvieron que huir con Él a Egipto para proteger su vida, porque Herodes, al verse burlado por los magos, había emitido la orden de que todos los niños menores de dos años fueran llevados a la muerte. Más tarde, Jesús, durante sus tres años y medio de ministerio, fue constantemente perseguido a través de los fariseos, saduceos, los doctores de la ley, y demás. Finalmente, fue llevado a la cruz y murió de la manera más vil y más salvaje. Pero, cuando Satanás creía haberse anotado la victoria más grande de su existencia, al cabo de tres días se llevó una gran sorpresa: **Jesús resucitó con poder y gran gloria; la tumba no lo pudo retener, la muerte no lo pudo vencer y se levantó poderosamente.**

La persecución ha sido una de las armas más utilizadas por Satanás, tratando desesperadamente de causar dolor al corazón de Dios. Más adelante lo encontramos persiguiendo a la iglesia de Cristo. Lo que los cristianos de los primeros siglos experimentaron no fue nada fácil.

Por ejemplo, el apóstol Pablo, quien fue apedreado en tres ocasiones y dejado por muerto; finalmente en su vejez murió decapitado. El apóstol Pedro murió crucificado con la cabeza hacia abajo. El apóstol Juan fue metido en una ocasión en un caldero con aceite hirviendo y no murió, era necesario que más tarde recibiera la revelación del Apocalipsis, durante su destierro en la isla de Patmos. Jacobo fue muerto a filo de espada. Esteban fue apedreado hasta la muerte. Santiago, el hermano del Señor, hijo de José y María, fue empujado del pináculo del templo por haberse resistido a negarlo.

Miles de cristianos fueron sacrificados bajo las órdenes de Nerón, usando distintos tipos de castigos y torturas atroces y salvajes; siendo, la más común, el ser echados a los leones y acabar con ellos en grupos.

También existían otros castigos, como la canaleta de Nerón, que consistía en poner a los cristianos en una canaleta como las que hay en los parques para que los niños jueguen; con la gran diferencia que estas tenían una cuchilla en el medio. Ponían a los cristianos en la parte alta de la canaleta y, al negarse ellos a renunciar a Cristo, eran empujados por la canaleta hacia abajo. Cuando llagaban al piso, sus cuerpos estaban partidos en dos.

Nerón también acostumbraba alumbrar sus jardines con cristianos ardiendo; ellos eran sumergidos en barriles de brea hirviendo, luego eran elevados y amarrados en postes y se les prendía fuego para que sirvieran de antorchas.

Asimismo, podemos mencionar los horrores que se cometieron durante la famosa santa inquisición. Los cristianos fueron perseguidos, torturados y muertos de la manera más salvaje.

El capítulo 12 de Apocalipsis habla de la mujer y el dragón. Aquí, el apóstol ve a una mujer con dolores de parto, en la angustia del alumbramiento. También ve otra señal y esta es un dragón escarlata con siete cabezas y diez cuernos. Él ve al dragón pararse frente a la mujer, con el propósito de devorar a su hijo tan pronto como naciese. La mujer huyó al desierto, en donde Dios tiene preparado refugio para ella y en donde debe permanecer mil doscientos sesenta días o tres años y medio. Luego, el dragón lleno de ira contra la mujer, se fue a hacer guerra contra el resto de la descendencia de ella, los cuales guardan los mandamientos de Dios y tienen el testimonio de Jesucristo.

Recordemos que estos tres años y medio corresponden a la segunda parte de los siete años y es los que se conoce como la gran tribulación, donde el anticristo cometerá la abominación desoladora que habló el profeta Daniel. Ahora, veamos quiénes son estos personajes que aparecen aquí:

La mujer: ¿Es esta María, la madre de Jesús? No, no lo es. Las diferencias que existen entre esta mujer apocalíptica y María son muy marcadas:

1. La mujer de la visión aparece en el cielo. María estaba en la tierra y dio a luz en la tierra.

2. La mujer de la visión huye y se refugia en el desierto. María huyó a Egipto con el niño.

3. María huyó acompañada por José. La mujer de la visión huye sola.

4. María no tenía todavía ningún otro hijo (descendencia) en el momento de la huida a Egipto. La mujer de la visión sí la tiene. El versículo 17 dice que el dragón se llenó de ira y se fue a hacer guerra contra el resto de la descendencia de la mujer.

5. Cuando María huyó a Egipto fue en silencio y sin ningún alboroto. José recibió en sueños la instrucción de Dios de levantarse, tomar al niño y a su madre y huir a Egipto hasta que le fuera indicado (no especifica el tiempo). La mujer de la visión, se establece con claridad, permanecerá refugiada en el desierto por tres años y medio.

Entonces, ¿quién podríamos decir que es esta mujer? La nación de Israel es la madre del Mesías, nuestro Señor Jesucristo. Estos que huyen al desierto son un grupo de judíos que no se han vendido al sistema existente (probablemente este grupo son los ciento cuarenta y cuatro mil sellados y que están ungidos por Dios para predicar la salvación de Jesucristo durante esos días).

El dragón escarlata: El anticristo será la encarnación de este dragón que perseguirá a la mujer.

Y fue lanzado fuera el gran dragón, la serpiente antigua que se llama diablo y Satanás, el cual engaña al mundo entero; fue arrojado a la tierra, y sus ángeles fueron arrojados con él (Apocalipsis 12:9).

El hijo varón:

Y ella dio a luz un hijo varón que regirá con vara de hierro a todas las naciones, y su hijo fue arrebatado para Dios y para su trono (Apocalipsis 12:5).

En este versículo encontramos dos eventos, los cuales están separados por un periodo de tiempo.

1. La encarnación (Dios hecho hombre). Este es el alumbramiento de la mujer.

2. La ascensión del Señor («fue arrebatado»).

Y habiendo dicho estas cosas, viéndolo ellos, fue
alzado, y le recibió una nube que le ocultó de sus
ojos (Hechos 1:9).

Para dejar completamente claro: El Señor Jesús
es el hijo varón de Israel, nacionalmente hablando.

Los demás descendientes de la mujer:
Claramente se enseña que estos son judíos cristianos y
aquellos que, guardando el testimonio del Señor, no se
han vendido al sistema del anticristo.

Entonces el dragón se llenó de ira contra la
mujer; y se fue a hacer guerra contra el resto
de la descendencia de ella, los que guardan los
mandamientos de Dios y tienen el testimonio de
Jesucristo (Apocalipsis 12:17).

En el capítulo 13, el apóstol da la descripción
de los personajes principales, los mismos que estarán
constantemente en la primera página de los periódicos
y en los noticieros de radio y televisión. A estos dos
personajes se los conoce con varios nombres; pero
por ahora solo nos concentraremos en llamarlos las
dos bestias: «el anticristo y el falso profeta». El apóstol
relata que él se paró sobre la arena del mar y vio a
una bestia que subió del mar. ¿Qué significa esto? El
significado apocalíptico y escatológico del «mar» es el
conglomerado de naciones:

Me dijo también: Las aguas que has visto donde
la ramera se sienta, son pueblos, muchedumbres,
naciones y lenguas (Apocalipsis 17:15).

Esta bestia, conocida también como la bestia-leopardo o líder-político, emerge de entre las naciones. En otras palabras, el mar revuelto e inquieto de las naciones dará a luz un líder político a quien la profecía llama la bestia o el anticristo.

Juan no fue el primero en ver al anticristo, ya Daniel le había visto antes en la revelación que le fue entregada de parte de Dios. Tampoco Juan es el primero en hablar del anticristo; Jesús lo mencionó cuando dijo:

Porque muchos vendrán en mi nombre, diciendo: Yo soy el Cristo; y a muchos engañarán (Mateo 24:5).

A la primera iglesia se le instruyó sobre el anticristo. Tanto Juan como Pablo en sus cartas hablaron de él:

Hijitos, ya es el último tiempo; y según vosotros oísteis que el anticristo viene, así ahora han surgidos muchos anticristos; por esto conocemos que es el último tiempo (1 Juan 2:18).

Nadie os engañe en ninguna manera; porque no vendrá sin que antes venga la apostasía, y se manifieste el hombre de pecado, el hijo de perdición (2 Tesalonicenses 2:3).

Características de este personaje:

• *Es altivo:*

Al fin del reinado de éstos, cuando los transgresores lleguen al colmo, se levantará un rey altivo de rostro [...] (Daniel 8:23).

• *Un hombre despreciable:*

Y le sucederá en su lugar <u>un hombre</u> <u>despreciable</u>, al cual no darán la honra del reino; pero vendrá sin aviso y tomará el reino con halagos (Daniel 11:21).

Por esto también podemos entender que será un hombre embaucador que, a través de su palabrería, se meterá a muchos en el bolsillo; lo cual lo conecta fácilmente a la próxima característica.

• *Un hombre mentiroso y engañoso, en el cual no se podrá confiar:*

Se presentará con poder, señales y prodigios, todo lleno de mentira y engaño de iniquidad (2 Tesalonicenses 2:9-10). Aparentemente será un hombre de paz; pero a la mitad de los siete años brotará su viejo deseo de ser Dios y revelará su verdadera identidad.

[...] Y vi subir del mar una bestia que tenía siete cabezas [...] (Apocalipsis 13:1).

En la numerología bíblica, el número siete significa plenitud y totalidad. En la persona del anticristo, Satanás alcanzará su máxima manifestación y expresión, con la misión de tratar al máximo de destruir todo lo hecho y establecido por Dios.

El ladrón no viene sino para hurtar y matar y destruir [...] (Juan 10:10).

125

De manera que, la definición más acertada de lo que será el anticristo es: un enviado satánico a quien Satanás le da poder para actuar.

[...] Y el dragón le dio su poder y su trono, y grande autoridad (Apocalipsis 13:2).

El anticristo llega para destruir, subyugar, abusar, oprimir y matar a todo el que se niegue a adorar a Satanás. Él será la personificación misma del diablo; por eso, al cabo de tres años y medio (a la mitad de su gobierno), él manifestará este viejo deseo que ha guardado reprimido por siglos: <u>ser igual al Dios de la gloria y recibir adoración</u>.

Pero este personaje no actuará solo, él tendrá un acompañante, el cual es la segunda bestia que el apóstol vio en su visión.

Después vi otra bestia que subía de la tierra; y tenía dos cuernos semejantes a los de un cordero, pero hablaba como dragón. Y ejerce toda la autoridad de la primera bestia en presencia de ella, y hace que la tierra y los moradores de ella adoren a la primera bestia [...] (Apocalipsis 13:11-12).

Esta segunda bestia es un personaje de carácter religioso, un líder mundial, quien es, de igual manera, un enviado de Satanás y que también ejercerá los poderes satánicos para cumplir con su cometido. Será llamado también «falso profeta» y hará su entrada en el panorama mundial con engaño. Es otro engañador más, como todo que hace Satanás. Jesús dijo que Satanás es mentiroso y padre de toda mentira (Juan 8:44).

Su apariencia será de bondad (la bondad y mansedumbre del cordero); pero cuando hable se dará a conocer, ya que sus palabras son de dragón (Apocalipsis 13:11). La Biblia no falla: «de la abundancia del corazón habla la boca»; y esta segunda bestia, al igual que la primera, tiene el corazón del mismo Satanás.

Haciendo uso de la religión mundialmente establecida, influenciará a unos y obligará a otros a que adoren a la primera bestia, el anticristo. Hará uso de los poderes que le serán otorgados por el mismo Satanás para conseguir que los moradores de la tierra le adoren. Hablará grandes maravillas y hará milagros, de esta manera engañará a muchos y mandará a que le hagan imagen a la bestia para adorarla (la idolatría también llegará a sus máximos niveles en aquellos días).

A través de la historia, hemos aprendido de personajes que se han levantado y han buscado establecer este tipo de régimen, quienes con sus dictaduras trajeron muerte y desolación. Por citar algunos ejemplos, se puede mencionar a Adolfo Hitler, quien salvajemente asesinó seis millones de judíos y quien era considerado un dios no pequeño para sus seguidores. También a Mussolini, a Alejandro el Grande o al dictador M. Robespierre, quien durante la revolución francesa mató centenares de personas y fue considerado un superhombre o el nuevo mesías. Lo mismo sucedió en Rusia, Lenin y Stalin no eran simplemente líderes, eran considerados dioses.

Todos estos personajes estuvieron dirigidos por el mismo espíritu del anticristo; con la gran diferencia de que en ellos Dios no permitió que se llegara a desarrollar a su máximo nivel. Pero en esta ocasión será diferente, ya que todo lo que ha detenido hasta ahora la manifestación total y completa de este mover satánico ya no la estará obstruyendo. Este organismo que lo ha detenido se llama la Iglesia o el Cuerpo de Cristo.

Porque ya está en acción el misterio de la iniquidad; solo que hay quien al presente lo detiene, hasta que él a su vez sea quitado de en medio. Y entonces se manifestará aquel inicuo [...] (2 Tesalonicenses 2:7-8).

Los regímenes que nosotros hemos conocido a través de la historia han traído aflicción y tribulación a ciertas regiones o países. Pero en este caso, tal cual dijo Jesús en Mateo 24:21, la tribulación será como nunca la ha habido ni la habrá. El régimen será extremadamente rígido e implacable; la maldad y la corrupción llegarán a su más alto nivel.

Y hacía que, a todos, pequeños y grandes, ricos y pobres, libres y esclavos, se les pusiese una marca en la mano derecha, o en la frente; y que ninguno pudiese comprar ni vender, sino el que tuviese la marca o el nombre de la bestia, o el número de su nombre. Aquí hay sabiduría. El que tiene entendimiento, cuente el número de la bestia, pues es número de hombre. Y su número es seiscientos sesenta y seis (Apocalipsis 13:16-18).

El uso de una marca, como un distintivo o medio de identificación, es una costumbre común entre los granjeros, dueños de ganado. Mi padre tenía una finca y recuerdo claramente cómo se marcaba al ganado; y así lo hace cada granjero con el fin de que en cualquier lugar sus animales sean reconocidos. Esto mismo es lo que hará el anticristo con los moradores de la tierra, los marcará con su marca o su nombre. Lo dice claramente: «el número de su nombre». Vale decir que las personas que sean marcadas pasarán a ser propiedad del mismo Satanás y, donde quiera que vayan, serán reconocidas como los que por su propia voluntad permitieron ser de su propiedad. Aquellos que se nieguen a recibir la marca serán llevados a la guillotina. De manera que no será nada fácil enfrentarse con valor al régimen y negarse a ello.

Este régimen será implacable y feroz. Habrá un medio de control total de quienes estén y no estén marcados. Simplemente, el que no sea identificado como propiedad del anticristo, no podrá comprar ni vender absolutamente nada. Ni siquiera podrá traer la comida más básica a su casa; no podrá tener los servicios de electricidad, agua y teléfono; no podrá comprar ropa ni gasolina para su carro; no podrá conseguir trabajo ni tener una cuenta de banco (para esos días el dinero en efectivo y los cheques estarán fuera de circulación, todo se manejará electrónicamente).

Al anticristo se le permitirá desarrollar y afirmar su sistema y su reino, pero será solamente por un poco de tiempo, siete años en total.

Fuera de lo que será la persecución para aquellos que se rehúsen a ser marcados; aquellos que la hayan recibido voluntariamente, buscando estar bien con el sistema y creyendo que con eso se salvarán de cualquier problema, tampoco les será nada fácil esos años, y mucho menos los venideros.

Vi en el cielo otra señal, grande y admirable:
Siete ángeles que tenían las siete plagas
postreras; porque en ellas se consumaba la ira de
Dios (Apocalipsis 15:1).

Cada ángel de estos tendrá consigo una copa, la cual deberá derramar sobre los moradores de la tierra. El capítulo 16 lo relata de la siguiente manera:

Versículo 2: La copa número uno es derramada. Plaga: Úlcera maligna y pestilente sobre los que tengan la marca de la bestia y adoraban su imagen.

Versículo 3: La copa número dos es derramada sobre el mar. Plaga: Convierte las aguas del mar en sangre como de muerto. Muere todo ser vivo que hay en el mar.

Versículo 4: La copa número tres es derramada sobre los ríos y las fuentes de las aguas. Plaga: Las aguas de los ríos y toda fuente de agua se convierte en sangre.

Versículo 8: La copa número cuatro es derramada sobre el sol. Plaga: Al sol se le permitió quemar a los hombres con fuego y los moradores de la tierra fueron quemados con su gran calor.

Versículo 10: La copa número cinco es derramada sobre el trono de la bestia. Plaga: El reino de la bestia se cubre con unas tinieblas tan densas que producen dolor, al punto que se morderán sus lenguas.

Versículo 12: La copa número seis es derramada sobre el río Éufrates. Plaga: El río Éufrates se secará.

Esto preparará el camino para el final de esta etapa de tribulación.

Versículo 17: La copa número siete es derramada por el aire. Plaga: Relámpagos, voces y truenos y un terremoto tan grande como nunca lo hubo antes sobre la tierra. Cayó también un granizo tan grande que los hombres hasta blasfemaron contra Dios.

Cuando el sexto ángel derramó su copa sobre la tierra, no solamente se secó el río Éufrates; sino que también salieron, de la boca del dragón, de la bestia y del falso profeta, tres demonios en forma de ranas. Estos demonios van a los reyes de la tierra con el objetivo de reunirlos para la batalla. Esta es conocida como «la batalla de Armagedón», la cual tomará lugar al final de estos siete años de tribulación, en el valle de Meguido.

En aquel día habrá gran lamento en Jerusalén, como el llanto de Hadadrimón en el valle de Meguido (Zacarías 12:11).

El profeta Joel lo llamó «el valle de Josafat»:

Reuniré a todas las naciones, y las haré descender al valle de Josafat, y allí entraré en juicio con ellas a causa de mi pueblo, y de Israel mi heredad, a quien ellas esparcieron entre las naciones, y repartieron mi tierra (Joel 3:2).

El valle de Meguido se encuentra al pie del monte Carmelo. Este lugar ha sido escenario de muchas batallas y derramamiento de sangre, incluyendo el suicidio del rey Saúl. El río Éufrates se secará para dar paso a los reyes de las naciones, quienes se reunirán para la gran batalla. Todos unidos, comandados por el anticristo, se alistarán en este lugar para la batalla de Armagedón. Todos contra Israel, el pueblo escogido y amado por Dios. La nación que Dios usó como instrumento para que de ella saliera el Salvador del mundo.

Esta gran reunión de los reyes de la tierra con sus ejércitos en el valle de Meguido, conecta los siete años de gobierno del anticristo con otro gran e impactante evento, del cual no hablaremos ahora; sino que lo analizaremos por separado en un próximo capítulo.

CAPÍTULO

5

HAY GOZO EN SU PRESENCIA

Y oí como la voz de una gran multitud, como el estruendo de muchas aguas, y como la voz de grandes truenos, que decía: ¡Aleluya, porque el Señor nuestro Dios Todopoderoso reina! Gocémonos y alegrémonos y démosle gloria; porque han llegado las bodas del Cordero, y su esposa se ha preparado. Y a ella se le ha concedido que se vista de lino fino, limpio y resplandeciente; porque el lino fino es las acciones justas de los santos. Y el ángel me dijo: Escribe: Bienaventurados los que son llamados a la cena de las bodas del Cordero. Y me dijo: Estas son palabras verdaderas de Dios (Apocalipsis 19:6-9).

El evento al cual hace referencia este pasaje es conocido como «las bodas del Cordero» y tomará lugar en el cielo, paralelo a los acontecimientos de la tribulación aquí en la tierra. Mientras que aquellos que no quisieron prestar oído a las buenas nuevas de salvación que Jesús vino a dar se encuentran cosechando el fruto de su mala siembra, pasando persecución y angustia durante la tribulación; otros que fuimos sensibles al mensaje del amor de Dios en la persona de su Hijo Jesús, estaremos disfrutando de este precioso evento. La mesa se encuentra preparada para la cena, Jesús lo prometió cuando dijo:

> [...] ¡Cuánto he deseado comer con vosotros esta pascua antes que padezca! Porque os digo que no la comeré más, hasta que se cumpla en el reino de Dios (Lucas 22:15-16).

> Y os digo que desde ahora no beberé más de este fruto de la vid, hasta aquel día en que lo beba de nuevo con vosotros en el reino de mi Padre (Mateo 26:29).

Jesús habló con toda claridad de la importancia de estar listo para esas bodas, velando y no durmiendo

.

> Entonces el reino de los cielos será semejante a diez vírgenes que, tomando sus lámparas, salieron a recibir al esposo. Cinco de ellas eran prudentes y cinco insensatas. Las insensatas, tomando sus lámparas, no tomaron consigo aceite; mas las prudentes tomaron aceite en sus vasijas, juntamente con sus lámparas. Y tardándose el esposo, cabecearon todas y se durmieron. Y a la medianoche se oyó un clamor: ¡Aquí viene

134

el esposo; ¡Salid a recibirle! Entonces todas aquellas vírgenes se levantaron, y arreglaron sus lámparas. Y las insensatas dijeron a las prudentes: Dadnos de vuestro aceite; porque nuestras lámparas se apagan. Mas las prudentes respondieron diciendo: Para que no nos falte a nosotras y a vosotras, id más bien a los que venden, y comprad para vosotras mismas. Pero mientras ellas iban a comprar, vino el esposo; y las que estaban preparadas entraron con él a las bodas; y se cerró la puerta. Después vinieron también las otras vírgenes, diciendo: ¡Señor, señor, ábrenos! Mas él, respondiendo, dijo: De cierto os digo, que no os conozco. Velad, pues, porque no sabéis el día ni la hora en que el Hijo del Hombre ha de venir (Mateo 25: 1-13).

Este pasaje se está refiriendo a personas que tienen a Jesús en su corazón. La función de una lámpara es alumbrar. Jesús dijo:

Yo soy la luz del mundo (Juan 8:12).

También vemos a Jesús hablando a sus seguidores y diciéndoles:

Vosotros sois la luz del mundo (Mateo 5:14).

Es obvio que aquí está hablando a personas que le han recibido en su corazón. De manera que, en el pasaje de Mateo 25:1-13, las lámparas simbolizan la vida misma de cada persona. Jesús es la luz y únicamente cuando Él viene a vivir en el corazón, la lámpara de la persona que le recibió se enciende con la luz que solamente Él imparte.

Lo segundo que podemos notar es que la lámpara sin aceite se apaga. El aceite es símbolo del Espíritu Santo. Una vida baja en su nivel de relación, de entrega, de consagración al Espíritu de Dios, es una vida que está en alto riesgo. Esto lo manifiesta la Palabra, cuando dice que las vírgenes que no tenían aceite en sus lámparas no pudieron entrar a las bodas con el novio. Por eso es que el final de este pasaje nos exhorta diciendo:

«Velad, pues, porque no sabéis el día ni la hora en que el Hijo del Hombre ha de venir».

Esto de ninguna manera es para sembrar pánico en la vida de nadie. Además, no hay razón alguna para vivir en pánico si yo estoy consciente de que estoy haciendo lo que debo hacer y estoy viviendo como debo vivir.

Aquí quiero hacer un énfasis, y debo ser completamente claro; porque esta es mi responsabilidad delante de la presencia de Dios: las personas que no se encuentren participando de las bodas del Cordero es porque evidentemente no fueron recogidas en el arrebatamiento de la iglesia; y hablo de aquellos que en un momento de sus vidas recibieron a Jesús en sus corazones; pero que tristemente nunca quisieron hacer consciencia de que ese día llegará y que debemos estar preparados para ser arrebatados. Son personas que prefirieron tomar la vida cristiana muy suave, haciendo lo que mejor le convenía a la carne y no lo que el Espíritu de Dios nos demanda.

Ya he mencionado anteriormente que, cuando suene la trompeta (shofar), no todos los cristianos (hijos de Dios, que han recibido a Jesús en sus corazones) la oirán. Y la razón es porque este será un evento cien por ciento espiritual. El sonido del shofar no será necesariamente oído como un gran estruendo a nivel mundial; puede que sea algo muy suave y profundo en el espíritu de cada persona que esté, como las vírgenes prudentes, con su lámpara llena de aceite. Lo importante es que será oído únicamente por aquellos que hayan tenido el cuidado de entrenar su espíritu para oír al Espíritu de Dios. De aquí la enorme importancia de permanecer conectado a Él en todo momento.

Los asuntos de Dios no siempre van a ser impactantes o producirán un gran ruido. El profeta Elías, en un momento, tuvo una experiencia de este tipo cuando él esperaba que la presencia de Dios se manifestara de una manera poderosa e impactante; sin embargo, Dios se le manifestó completamente diferente.

Él respondió: He sentido un vivo celo por Jehová Dios de los ejércitos; porque los hijos de Israel han dejado tu pacto, han derribado tus altares, y han matado a espada a tus profetas; y sólo yo he quedado, y me buscan para quitarme la vida. Él le dijo: Sal fuera, y ponte en el monte delante de Jehová. Y he aquí Jehová que pasaba, y un grande y poderoso viento que rompía los montes, y quebraba las peñas delante de Jehová; pero Jehová no estaba en el viento. Y tras el viento un terremoto; pero Jehová no estaba en el terremoto. Y tras el terremoto un fuego; pero Jehová no estaba en el fuego. Y tras el fuego un silbo apacible y delicado. Y cuando lo oyó Elías, cubrió su rostro con su manto [...] (1 Reyes 19:10-13).

¡Dios es Dios! A Él no lo podemos limitar de ninguna manera. El hace lo que quiere, como quiere, con quien quiere, en el día y a la hora que quiere. El mismo apóstol Juan, cuando recibió la revelación del Apocalipsis, nos relata cómo estaba:

Yo estaba en el Espíritu en el día del Señor, y oí detrás de mí una gran voz como de trompeta (Apocalipsis 1:10).

Juan estaba en el Espíritu (observa que Espíritu está escrito con mayúscula, indicando así que se refiere al Espíritu de Dios), y ahí es donde el Señor se le manifiesta. De igual manera, nosotros tendremos que estar en el Espíritu, conectados a Él para poder oír el toque del shofar en ese gran día.

Lo tercero que debo enfatizar es que nadie puede funcionar con aceite ajeno. Este pasaje nos habla de que las vírgenes que estaban preparadas, esperando aquel momento de la llegada del esposo, dijeron a las que no lo estaban: «Nosotras no podemos darles ahora nuestro aceite, porque no nos podemos correr el riesgo de quedarnos sin aceite; más bien vayan a conseguir su propio aceite».

Ningún cristiano puede apoyarse en la relación que otra persona mantiene con el Espíritu de Dios. Hay muchísimas personas, dentro de las iglesias, que están tratando de vivir la vida cristiana apoyadas solamente en la relación de su pastor con Dios. Esto no debe ser así. La relación de cada uno con Dios es estrictamente personal. El pastor está puesto por Dios para enseñar, instruir y guiar a las ovejas; pero cada oveja es responsable ante Él de obedecer y practicar lo que ha recibido y aprendido. Yo no puedo vivir mi vida cristiana apoyado en la fe ni en la calidad de vida que llevan los demás. Cada cristiano debe buscar con empeño, esmero y diligencia subir cada día su nivel espiritual, ambicionando desarrollarse a la medida de la estatura del varón perfecto que es Jesucristo, nuestro modelo.

Todos los cristianos estamos llamados a vivir completamente entregados a Jesús, llevando día a día una vida llena de la presencia del Espíritu Santo y permitiéndole a Él vivir su vida a través de nosotros. Jesús es el Novio, la Iglesia es la novia. El Novio pagó con su propia vida el derecho a esta preciosa relación. El Novio, luego de haber resucitado, partió a sus moradas para preparar mansiones para la novia y prometió regresar a recogerla para llevarla con Él para siempre.

Algo bien interesante de tomar en cuenta es que, en los tiempos de Jesús, las bodas se realizaban completamente diferentes a lo que nosotros estamos acostumbrados. Por ejemplo, quien corría con los gastos de la boda y era el anfitrión de la misma era el padre del novio. De igual forma es en este caso, nosotros no hemos tenido que hacer ningún esfuerzo ni sacrificio, todo lo hizo Dios. ¡La salvación es completamente gratis para nosotros! Pero Él tuvo que pagar con su propia sangre, un precio extremadamente alto. Además, Dios Padre es el anfitrión de esta gran boda. Jesús dijo: «En la casa de mi Padre hay muchas moradas y para allá voy a preparar las de ustedes». ¡Qué grandioso!

Durante este evento tomará también lugar algo muy especial: **«la entrega de galardones».**

Porque es necesario que todos nosotros comparezcamos ante el tribunal de Cristo, para que cada uno reciba según lo que haya hecho mientras estaba en el cuerpo, sea bueno o sea malo (2 Corintios 5:10).

Cuando se lee este versículo, es necesario esclarecer un principio, para no dar lugar a dudas o confusiones: cada cristiano rendirá cuentas delante del tribunal de Cristo por todo lo que haga aquí en la tierra. De manera que, mis obras son muy importantes delante de Dios. Sin embargo, esto no quiere decir que el cristiano se salva por sus obras. Existe un solo elemento, un solo medio por el cual toda persona puede adquirir su salvación, esto es: la sangre preciosa y poderosa que Jesús derramó en la cruz del calvario. No hay otra forma en que el hombre pueda llegar a recibir su salvación. Entonces, la pregunta de muchos: ¿en dónde encajan las buenas obras? Esto es algo subsecuente, después de haber recibido a Jesús en el corazón, y así como el cristiano vaya profundizando en sus conocimientos de la vida cristiana, se supone que comience a practicar las mismas obras que Jesús practicó. Él mismo lo prometió cuando dijo:

De cierto, de cierto os digo: El que en mi cree, las obras que yo hago, él las hará también; y aún mayores hará, porque yo voy al Padre (Juan 14:12).

¿Qué implica esta promesa? Todos tenemos conocimiento de que Él pasó los últimos tres años y medio de su vida haciendo el bien de muchas maneras: dando comida a los hambrientos, sanando enfermos de distintos tipos de tormentos, libertando a los endemoniados, resucitando muertos, etc. Entonces, cuando Jesús dijo: «Y aún mayores obras harán, porque yo voy al Padre», ¿será que lo que yo pueda hacer es más grande y deslumbrante que lo que hizo Jesús?; ¿sanaré más enfermos que los que Él sanó?; ¿resucitaré más muertos que los que Él resucitó? De ninguna manera. Todo cristiano debe tener completamente claro que no existe un ministerio más grande ni más poderoso que el de Jesús.

Esta promesa es válida y aplica únicamente para una sola cosa que Él nunca pudo hacer cuando estuvo en la tierra, y es tener el precioso privilegio que tiene cada hijo de Dios de poder llegar a otros que aún no le conocen y compartirles lo que Jesús hizo en la cruz del calvario para darnos la salvación. La obra de Él fue morir y resucitar, la obra que a mí me ha sido encomendada es dejárselo saber a todos para guiarlos a sus pies.

Ahora bien, ¿cómo serán calificadas las obras en la entrega de galardones? ¿Será que los grandes y famosos recibirán premios mayores? No necesariamente.

Porque nosotros somos labradores de Dios, y vosotros sois labranza de Dios, edificio de Dios. Conforme a la gracia de Dios que me ha sido dada, yo como perito arquitecto puse el fundamento, y otro edifica encima; pero cada uno mire como sobreedifica. Porque nadie puede poner otro fundamento que el que está puesto, el cual es Jesucristo. Y si sobre este fundamento alguno edificare oro, plata, piedras preciosas, madera, heno, hojarasca, la obra de cada uno será manifestada; porque el día la declarara, pues por el fuego será revelada; y la obra de cada uno cual sea, el fuego la probará. Si permaneciere la obra de alguno que sobreedificó, recibirá recompensa. Si la obra de alguno se quemare, él sufrirá perdida, si bien el mismo será salvo, aunque, así como por fuego (1 Corintios 3:9-15).

De manera que, la calidad de la obra viene a colocarse en un lugar de mayor importancia que la cantidad, o lo grande o famoso que pueda ser el ministerio de la persona. Esto es algo para meditar y asimilar profundamente y que cada uno de nosotros hagamos una evaluación muy seria de nuestras motivaciones para servir a Dios. Esto no es de ninguna manera una crítica a ningún ministerio, ni grande ni pequeño. No, por el contrario, Dios bendiga abundantemente a todos los ministerios que llevan adelante una predicación genuina del Evangelio, enseñando doctrina pura y correcta; y bendiga aún más los corazones que lo sirven con rectitud.

De manera que, mi amado lector, en las bodas del Cordero habrá fiesta en grande, con entrega de premios y coronas a cada uno de acuerdo a lo que haya hecho aquí en la tierra. Algunos, sus obras serán como el oro, que mientras más fuego se le da, más puro se vuelve. Otros, tendrán obras con la calidad de la plata; otros como piedras preciosas; otros como la madera, que al pasarla por fuego se convierte en cenizas; y otros, tristemente, como el heno o la paja, la hojarasca o la hoja seca, que cuando se les prende fuego no queda ni la ceniza.

A este precioso evento entrarán solamente aquellos cristianos que tengan sus lámparas llenas de aceite. Aquellos que tristemente hayan tomado su relación con Dios como un juego, abusando de su gracia y su amor, y que aún estén creyendo que Él no vendrá como lo prometió, les sucederá lo mismo que aquellos que no quisieron dar oído a la predicación de Noé. Cuando vieron que el diluvio era en serio, llamaron a la puerta del arca, rogando a Noé que les abriera; pero Noé no pudo hacer nada, porque él no había cerrado la puerta, sino Dios. En este caso, dijo el Señor, dirán: «¡Señor, Señor, ábrenos!» Pero oirán: «De cierto os digo, que no os conozco». Por eso, Dios mismo dijo: «Velad, pues, porque no sabéis el día ni la hora en que el Hijo del Hombre ha de venir».

El Señor nos dé la gracia de llegar a este momento, apercibidos y con nuestras lámparas llenas de aceite. ¡Amén!

CAPÍTULO

6

TODO OJO LE VERÁ

He aquí que viene con las nubes, y todo ojo le
verá, y los que le traspasaron; y todos los linajes
de la tierra harán lamentación por él. Sí, amén
(Apocalipsis 1:7).

Jesús habló de este evento cuando dijo:

E inmediatamente después de la tribulación de
aquellos días, el sol se oscurecerá, y la luna no
dará su resplandor, y las estrellas caerán del cielo,
y las potencias de los cielos serán conmovidas.
Entonces aparecerá la señal del Hijo del Hombre

en el cielo; y entonces lamentarán todas las tribus de la tierra, y verán al Hijo del hombre viniendo sobre las nubes del cielo, con gran poder y gloria (Mateo 24:31).

La gran tribulación terminará con la venida del Señor Jesucristo en gloria, acompañado de su esposa, la iglesia. No debemos confundir este evento con el de su inesperado descenso en una nube a recoger a su iglesia, el arrebatamiento o el rapto. En aquella ocasión nadie lo verá, en esta, la segunda venida, sí será visto por todos.

En el pasaje de Mateo 24, citado anteriormente, podemos discernir en qué momento tomará lugar el próximo evento que estaremos tratando en las siguientes páginas.

Ya sabemos que será inmediatamente después de los siete años de tribulación; ahora bien, analicemos cómo será su llegada en esta ocasión.

Entonces vi el cielo abierto; y he aquí un caballo blanco, y el que lo montaba se llamaba Fiel y Verdadero, y con justicia juzga y pelea. Sus ojos eran como llama de fuego, y había en su cabeza muchas diademas; y tenía un nombre escrito que ninguno conocía sino él mismo. Estaba vestido de una ropa teñida en sangre; y su nombre es: EL VERBO DE DIOS. Y los ejércitos celestiales, vestidos de lino finísimo, blanco y limpio, le seguían en caballos blancos. De su boca sale una espada aguda, para herir con ella a las naciones, y él las regirá con vara de hierro; y él pisa el lagar del vino del furor de la ira del Dios Todopoderoso.

Y en su vestidura y en su muslo tiene escrito este nombre: REY DE REYES Y SEÑOR DE SEÑORES (Apocalipsis 19:11-16).

¡Qué imponente! Todo lo contrario a su primer arribo a la tierra, cuando llegó como un humilde e indefenso niño para el cual no se halló un lugar y tuvo que nacer en un sucio y mal oliente establo. Ahora, desciende en todo su esplendor, como lo que Él es: ¡el gran Rey! El Soberano de los reyes de la tierra, el Poderoso e Invencible, el Varón de guerra de Éxodo 15:3.

En esta ocasión no llega para salvar a la humanidad; tampoco viene a recoger a su iglesia para salvarla de la ira que será derramada durante la tribulación. No, en esta ocasión viene como el guerrero, viene con un despliegue total de su poder y autoridad; viene a juzgar, así como lo expresa el versículo 11: *«Con justicia juzga y pelea».*

Algunos detalles:

El caballo blanco: El caballo, en las Sagradas Escrituras, significa guerra. En Apocalipsis, el uso del mismo simboliza conquista o victoria.

Las diademas: Deben entenderse como coronas, solo que en esta ocasión ya no es una corona de espinas, como la que usaron para torturarlo en su martirio; ahora es la corona de realeza. ¡Él es el Rey verdadero!

Sus ojos como llama de fuego. Los ojos son el instrumento físico que declara el más profundo sentir del alma. En este caso, los ojos del Cristo guerrero son la llama que quema, que desnuda, que descubre, que desmenuza absolutamente todo. A esta mirada nada se le puede escapar, por más diminuto que sea.

Ropa teñida en sangre: Contrario a lo que algunos interpretan y enseñan de que esta es su propia sangre, la cual derramó por la humanidad; en esta ocasión Él no llega a la tierra como redentor. Ahora, Él viene como el Guerrero, como el Rey, y viene a juzgar, a pagar a cada uno conforme a sus obras (Mateo 16:27), con mano dura, con mano de hierro. Esta sangre es más bien la de sus enemigos.

Espada aguda: Para sus hijos, la espada es su Palabra de vida; para sus enemigos es juicio y muerte.

[...] Y herirá la tierra con la vara de su boca y con el espíritu de sus labios matará al impío (Isaías 11:4).

El Verbo de Dios: Es el mismo descrito en el capítulo 1 del Evangelio de Juan. Él siempre ha sido el ejecutor del deseo de su Padre. En los comienzos, lo vemos en la creación hablando y dando orden como el Verbo que es, la Palabra de Dios; creando todas las cosas por su palabra.

Por la fe entendemos haber sido constituido el universo por la palabra de Dios [...] (Hebreos 11-3).

Más tarde, lo vemos, justamente en el capítulo 1 de Juan, como «el Verbo que se hizo carne y habitó entre nosotros [...]».

148

Envió su palabra, y los sanó, y los libró de su ruina (Salmo 107:20).

Los ejércitos celestiales: Jesús no regresa solo, viene acompañado. Los ejércitos celestiales se refiere a ambos, sus ángeles y a nosotros, sus santos.

Cuando el Hijo del Hombre venga en su gloria, y todos sus santos ángeles con él [...] (Mateo 25:31).

Porque el Hijo del Hombre vendrá en la gloria de su Padre con sus ángeles [...] (Mateo 16:27).

Para que sean afirmados vuestros corazones, irreprensibles en santidad delante de Dios nuestro Padre, en la venida de nuestro Señor Jesucristo con todos sus santos (1 Tesalonicenses 3:13).

La batalla del Armagedón terminará muy rápido con la llegada del Rey guerrero. El Verbo de Dios, el Fiel y Verdadero, el Rey de reyes y Señor de señores. Ellos tratarán de pelear contra Él, pero es inútil, ya que contra él nadie puede.

Y vi a la bestia, a los reyes de la tierra y a sus ejércitos, reunidos para guerrear contra el que montaba el caballo, y contra su ejército. Y la bestia fue apresada, y con ella el falso profeta que había hecho delante de ella señales con las cuales había engañado a los que recibieron la marca de la bestia, y habían adorado su imagen. Estos dos fueron lanzados vivos dentro de un lago de fuego que arde con azufre. Y los demás fueron muertos con la espada que salía de la boca del que montaba el caballo, y todas las aves se saciaron de las carnes de ellos (Apocalipsis 19:19-21).

149

Hasta este tiempo, el lago de fuego y azufre permaneció cerrado y se abrirá para recibir a la bestia y al falso profeta.

Ahora, quiero compartir contigo algunos detalles de este evento que me impresionan tremendamente:

• El sol se oscurecerá y la luna no dará su resplandor.

[...] el sol se oscurecerá, y la luna no dará su resplandor, y las estrellas caerán del cielo, y las potencias de los cielos serán conmovidas (Mateo 24:29).

La aparición del Señor, en toda su gloria, opacará completamente la luz del sol y el resplandor de la luna, a tal punto que se verán oscuros. La conmoción que causará su aparición será tan potente que las estrellas caerán del cielo, creando conmoción en los cielos. Pero Él no se quedará revoloteando por los aires; sino que bajará hasta posar sus pies en tierra.

Después de esto saldrá Jehová y peleará con aquellas naciones, como peleó en el día de la batalla. Y se afirmarán sus pies en aquel día sobre el monte de los Olivos, que está frente a Jerusalén al oriente; y el monte de los Olivos se partirá por en medio, hacia el oriente y hacia el occidente, haciendo un valle muy grande; y la mitad del monte se apartará hacia el norte, y la otra mitad hacia el sur (Zacarías 14:3-4).

En realidad, no es primera vez que la humanidad presenciará una manifestación de Dios tan impactante, pero con algunas variantes. Por ejemplo, cuando Moisés llegó con el pueblo de Israel al Sinaí, las Sagradas Escrituras declaran que Dios descendió sobre el monte en una nube espesa para que el pueblo oyera su voz, mientras Él hablaba con Moisés.

> *Aconteció que, al tercer día, cuando vino la mañana, vinieron truenos y relámpagos, y espesa nube sobre el monte, y sonido de bocina muy fuerte; y se estremeció todo el pueblo que estaba en el campamento. Y Moisés sacó del campamento al pueblo para recibir a Dios; y se detuvieron al pie del monte. Todo el monte Sinaí humeaba, porque Jehová había descendido sobre él en fuego; y el humo subía como el humo de un horno, y todo el monte se estremecía en gran manera (Éxodo 19:16-18).*

Las variantes básicamente son:

• Primero: En aquella ocasión, Dios no quiso ser visto y por eso descendió sobre el monte en una nube espesa. En esta, como ya lo establecimos, Él sí será visto por todos.

• Segundo: En aquella ocasión, el impacto de su presencia se manifestó en aquel humo que subía del monte. En esta, el monte de los Olivos literalmente se partirá por la mitad.

• Tercero: En aquella ocasión, la manifestación impactante de Dios fue presenciada solamente por un pueblo, Israel. En esta, el tremendo impacto de su llegada y el resultado de posar sus pies en tierra será visto en todas partes. Allí estarán reunidos los reyes de todas naciones con sus ejércitos, dice la Palabra de Dios. Además, no podemos olvidar que este será un evento de alcance e impacto mundial; el cual, sin duda, será televisado, y a través de ello llegará a todos los rincones de la tierra.

De manera que, aunque hay similitud entre ambos eventos, este último será tremendamente más impactante. Es así, con ese poder tan grande, que nuestro Rey y Señor, Jesucristo, regresará en su segunda venida.

CAPÍTULO

7

POR MIL AÑOS

Vi a un ángel que descendía del cielo, con la llave del abismo, y una gran cadena en la mano. Y prendió al dragón, la serpiente antigua, que es el diablo y Satanás, y lo ató por mil años; y lo arrojó al abismo, y lo encerró, y puso su sello sobre él, para que no engañase más a las naciones, hasta que fuesen cumplidos mil años; y después de esto debe ser desatado por un poco de tiempo (Apocalipsis 20:1).

Con este versículo entramos en nuestro próximo evento, llamado el milenio. En el capítulo anterior mencioné que el Señor Jesucristo no vendría a la tierra para andar revoloteando por los aires y guerrear desde allí; sino que posará sus pies sobre el monte de los Olivos, causando que este se parta en dos y se cree un enorme valle en el medio. Al asentar sus pies en la tierra, lo hace para quedarse aquí y gobernar, y esto tendrá una duración de mil años. Este tiempo se convertirá en la época de oro de la humanidad; una época en la cual habrá un cambio total y radical en la tierra entera.

Primeramente, estos mil años comienzan con la detención y el encarcelamiento de Satanás, quien será arrojado y encerrado en el abismo y se verá imposibilitado a engañar más a la humanidad. Aunque será un día glorioso, aún este no es el final.

El gobierno milenial del Señor Jesucristo fue profetizado con anterioridad. Cuando hacemos un análisis del mensaje entregado a María, a través del Ángel Gabriel, vemos que encierra ocho profecías, de las cuales la mayoría ya tuvieron su cumplimiento, pero otras aún no. Examinemos esto en este pasaje:

Y ahora, concebirás en tu vientre, y darás a luz un hijo, y llamarás su nombre JESÚS. Este será grande, y será llamado Hijo del Altísimo; y el Señor Dios le dará el trono de David su padre; y reinará sobre la casa de Jacob para siempre, y su reino no tendrá fin (Lucas 1:31-33).

1. *Concebirás en tu vientre.* Profecía cumplida

2. *Darás a luz un hijo.* Profecía cumplida

3. *Llamarás su nombre JESÚS.* Profecía cumplida

4. *Este será grande.* Profecía cumplida. Jesús fue el más grande maestro. Hombres renombrados y respetados, doctores de la ley, como Nicodemo, llegaron a Él llamándole Maestro. Dice la Palabra que su fama se extendía por todas partes.

5. *Será llamado Hijo del Altísimo.* Profecía cumplida

6. *Dios le dará el trono de David, su padre.* Profecía aún no cumplida. Se cumplirá en el milenio.

7. *Reinará sobre la casa de Jacob.* Profecía aún no cumplida. Se cumplirá en el milenio.

8. *Su reino no tendrá fin.* Profecía aún no cumplida. El reinado milenial se extenderá hasta la eternidad.

¿CÓMO ESTARÁ COMPUESTA LA POBLACIÓN DE LA TIERRA EN EL MILENIO?

En aquel entonces, la tierra estará poblada por dos grupos de personas: aquellos que no recibieron la marca de la bestia durante los años de la tribulación y lograron salir con vida de ella; y aquellos que regresaremos con el Señor en su segunda venida, quienes previamente ya habremos tenido la experiencia gloriosa de recibir cuerpos glorificados.

¿CUÁL SERÁ NUESTRA FUNCIÓN DURANTE ESTOS MIL AÑOS?

Y vi tronos, y se sentaron sobre ellos los que recibieron facultad para juzgar [...] (Apocalipsis 20:4).

Y nos hizo reyes y sacerdotes para Dios, su Padre
[...] (Apocalipsis 1:6).

Y nos ha hecho para nuestro Dios reyes y sacerdotes,
y reinaremos sobre la tierra (Apocalipsis 5:10).

Este no será, bajo ninguna circunstancia, un tiempo de ocio; sino que habrá un trabajo que realizar. Será un mundo que hay que gobernar y funciones dentro de las cuales cada uno se tendrá que desempeñar.

El gobierno no será de tipo democrático; sino más bien un gobierno establecido, ordenado y estrictamente dirigido por Dios. La Palabra declara que Jesús regirá al mundo con vara de hierro durante su gobierno; sin embargo, la humanidad disfrutará de la época más hermosa y llena de paz jamás vista o experimentada en toda su existencia.

Durante este tiempo, tomarán lugar cambios totalmente radicales en el planeta Tierra, te invito a analizar juntos algunos de ellos:

Primero: Durante el milenio, la longevidad cambiará completamente.

Los días de nuestra edad son setenta años; y si en
los más robustos son ochenta años (Salmo 90:10).

No habrá más allí niño que muera de pocos días
ni viejo que sus días no cumpla, porque el niño
morirá de cien años y el pecador de cien años será
maldito (Isaías 65:20).

Podemos ver que las personas que mueran sobre los cien años serán considerados aún niños.

Segundo: Las enfermedades serán eliminadas.

Entonces los ojos de los ciegos serán abiertos, y los oídos de los sordos se abrirán. Entonces el cojo saltará como un siervo y cantará la lengua del mudo [...] (Isaías 35:5-6).

He aquí yo les traeré sanidad y medicina, y los curaré y les revelaré abundancia de paz y de verdad (Jeremías 30:17).

Tercero: La paz reinará durante el milenio incluyendo que la fiereza de los animales será quitada.

Morará el lobo con el cordero, y leopardo con el cabrito se acostará; el becerro y el león y la bestia doméstica andarán juntos y un niño los pastoreará. La vaca y la osa pacerán, sus crías se echarán juntas, y el león como el buey comerá paja. Y el niño de pecho jugará sobre la cueva del áspid, y el recién destetado extenderá su mano sobre la caverna de la víbora (Isaías 11:6-8).

Este cambio es tremendamente impactante. Durante miles y miles de años, todo lo que la raza humana ha visto y conocido es abuso, explotación, celos, envidias, contiendas y muerte. El ser humano es un opresor natural. Los más fuertes abusan de los más débiles. Los ricos oprimen a los pobres. Los gobiernos, todos, hacen miles de promesas durante sus tiempos de candidatura; pero cuando llegan al poder se les borra de la mente lo que prometieron y hacen igual o peor que sus antecesores. Todos prometen paz; pero ninguno de ellos tiene paz para dar; y es evidente que nadie puede dar lo que no tiene.

Por eso es que, en este gobierno milenial, la paz reinará sobre toda la humanidad; porque el Rey mismo que estará reinando es el único que puede impartir la que es verdadera.

Porque él es nuestra paz, que de ambos pueblos hizo uno, derribando la pared intermedia de separación, aboliendo en su carne las enemistades, la ley de los mandamientos expresados en ordenanzas, para crear en sí mismo de los dos un solo y nuevo hombre, haciendo la paz (Efesios 2:14-15).

La paz os dejo, mi paz os doy; yo no la doy como el mundo la da. No se turbe vuestro corazón, ni tenga miedo (Juan 14:27).

Cuarto: El milenio no será un tiempo de ocio; sino de trabajo.

Edificarán casas, y morarán en ellas; plantarán viñas, y comerán del fruto de ellas. No edificarán para que otro habite, ni plantarán para que otro coma; porque según los días de los árboles serán los días de mi pueblo, y mis escogidos disfrutaran la obra de sus manos. No trabajarán en vano, ni darán a luz para maldición; porque son linaje de los benditos de Jehová, y sus descendientes con ellos (Isaías 65:21-23).

Quinto: La capacidad del hombre para conocer a Dios.

El que no ama, no ha conocido a Dios; porque Dios es amor (1 Juan 4:8).

La humanidad en la cual vivimos está completamente ignorante de Dios, de quién es Él y lo que desea para todos nosotros. La inmensa mayoría de los seres humanos, aun dentro de la misma iglesia cristiana, tiene un concepto completamente erróneo. Conciben a Dios en sus corazones como un ser malo que anda buscando todas las oportunidades posibles para castigar a la raza humana.

Ahora vemos por espejo, oscuramente; mas entonces veremos cara a cara. Ahora conozco en parte; pero entonces conoceré como fui conocido (1 Corintios 13:12).

[...] Porque la tierra será llena del conocimiento de Jehová, como las aguas cubren el mar (Isaías 11:9).

Ahora bien, algo importante de mencionar es que, al final del milenio, Satanás será liberado por un poco de tiempo.

Cuando los mil años se cumplan, Satanás será suelto de su prisión, y saldrá a engañar a las naciones que están en los cuatro ángulos de la tierra, a Gog y a Magog, a fin de reunirlos para la batalla; el número de los cuales es como la arena del mar (Apocalipsis 20:7-8).

Después de diez siglos de encierro, Satanás tratará de cobrar fuerza, teniendo como objetivo el lanzarse a pelear contra el gobierno milenial y derrocar a Jesucristo. En su empeño de hacer esto una realidad, arrojará su campaña, yendo a las naciones de los cuatro ángulos de la tierra; y haciendo uso de sus viejos métodos (porque él no puede crear nada nuevo). Con engaños y mentiras conseguirá que un grupo no pequeño (la Biblia los identifica en cantidad «como la arena del mar») se rebelen junto con él para tratar de dar un golpe de estado. No podemos perder de vista que, de los habitantes de la tierra, habrá un grupo que entraron en el milenio habiendo escapado con vida de la tribulación. Estas personas procrearán y la población del planeta se habrá repuesto considerablemente. Y, de alguna manera, Satanás conseguirá que ellos crean que Cristo es vencible, haciendo que estas naciones vengan hasta Jerusalén (la capital mundial del reino milenial), creyendo que van a librar una batalla exitosa.

Y subieron sobre la anchura de la tierra, y rodearon el campamento de los santos y la ciudad amada [...] (Apocalipsis 20:9).

Pero, en ese momento se llevarán la sorpresa más grande de sus vidas:

[...] Y de Dios descendió fuego del cielo, y los consumió (Apocalipsis 20:9).

Y luego a Satanás le llega su fin. Y el diablo que los engañaba fue lanzado en el lago de fuego y azufre, donde estaban la bestia y el falso profeta; y serán atormentados día y noche por los siglos de los siglos (Apocalipsis 20:10).

Ahora, te pido que prestes la máxima atención a lo siguiente que vas a leer: Por siglos, Satanás, basándose en mentiras, ha venido acusando a los cristianos de acciones de su vida pasada. Situaciones de las que ya fueron lavados por la sangre de Cristo. Desgraciadamente, un porcentaje muy alto de cristianos no han encontrado herramientas para defenderse con éxito de estas acusaciones. Pero yo quiero compartir esto contigo: lo que acabas de leer en el versículo anterior se llama el futuro del diablo. Lo que le espera a él es un tormento eterno en el lago de fuego y azufre, y lo sabe muy bien. Así que, cuando venga a recordarte tu pasado, tú, en la autoridad y el poder que Cristo Jesús te ha dado y como hijo de Dios que eres, ¡recuérdale su futuro! Esto es algo que no puede resistir.

De esta manera, y como siempre, con la victoria total y aplastante de Cristo, el Rey de reyes, llegamos al final de este periodo llamado el milenio. Nunca jamás Satanás podrá salir de su tormento. Nunca podrá volver a engañar a nadie más.

¡Gloria sea a nuestro Dios y Rey para siempre, amén!

CAPÍTULO

8

DELANTE DEL TRONO

Y vi un gran trono blanco y al que estaba sentado en él, de delante del cual huyeron la tierra y el cielo, y ningún lugar se encontró para ellos. Y vi a los muertos, grandes y pequeños, de pie ante Dios; y los libros fueron abiertos, y otro libro fue abierto, el cual es el libro de la vida; y fueron juzgados los muertos por las cosas que estaban escritas en los libros, según sus obras. Y el mar entregó los muertos que había en él; y la muerte y el Hades entregaron los muertos que había en ellos; y fueron juzgados cada uno según sus obras. Y la muerte y el Hades fueron lanzados al lago de fuego. Esta es la muerte segunda. Y el que no se halló inscrito en el libro de la vida fue lanzado al lago de fuego (Apocalipsis 20:11-15).

Es interesante resaltar el hecho que, después de mil años, cuando Satanás fue echado al lago de fuego y azufre, allí se encontraban todavía la bestia y el falso profeta. Esto nos permite ver que en este lugar el tormento es eterno. Este no es un fuego como lo que nosotros conocemos, fuego que consume. Los que sean lanzados en este lugar no serán extinguidos; sino que serán atormentados por los siglos de los siglos.

En el versículo anterior, el apóstol nos presenta el juicio final, tal y como él lo vio. Nos habla del trono y del que está sentado en el trono. El lugar específico en donde este evento tomará lugar no lo sabemos, puesto que nos dice que la tierra y el cielo huyeron de delante de la presencia de aquel que estaba sentado en el trono. Esto denota lo fuerte y terrible del momento, al punto que ni la tierra ni el cielo podrán resistir la magnitud de su presencia. Aquel Dios, a quien muchos en algún momento de sus vidas prefirieron no prestar atención y de quien algunos otros se burlaron, ahora está listo para llamarlos a cuentas. Juan nos dice que es un gran trono blanco. Esto nos enseña que este juicio será llevado a cabo conforme a la justicia y santidad de Dios.

Ahora, ¿quiénes comparecerán en este juicio? El apóstol nos habla de que los muertos tuvieron que presentarse a juicio.

Pero los otros muertos no volvieron a vivir hasta que se cumplieron los mil años [...] (Apocalipsis 20:5).

El apóstol Pablo, hablando sobre el arrebatamiento de la iglesia, nos dice:

164

Porque si creemos que Jesús murió y resucitó, así también traerá Dios con Jesús a los que durmieron en él (1 Tesalonicenses 4:14).

Bajo esta luz, podemos determinar que estos son aquellos que murieron sin Cristo. También, debo hacer énfasis en una diferencia muy clara establecida en estos dos versículos: Juan nos habla de los que murieron; Pablo nos habla de los que durmieron.

En ambos casos hay muerte física y ambos grupos experimentarán resurrección física. La gran diferencia es que, aquellos en Cristo nunca murieron, sino que durmieron; pero los que murieron sin Cristo, estos sí murieron, porque quedaron separados de Dios. Los que durmieron en Cristo resucitan físicamente para vivir una eternidad en la presencia de Dios; los que murieron sin Cristo, también resucitan para recibir su castigo eterno; y ambas situaciones serán experimentadas físicamente.

Un dato muy interesante es que, en este caso, las influencias o posiciones no tienen ningún valor. Cuando Juan habla de que vio a grandes y pequeños, no se está refiriendo a edades; sino al estatus social, económico, religioso y político. De manera que, de esta situación nadie se podrá escapar.

Luego, nos habla de la manera en que serán juzgados. Dice la Palabra que los libros fueron abiertos. Estos libros contienen los registros de aquellos que rechazaron el sacrificio de Cristo y decidieron funcionar por sus propias obras. Una infinidad de veces he oído a personas decir: «Fulano tiene que haberse ido al cielo, porque fue una persona extremadamente buena». Recuerdo que, en una ocasión, una señora que le hice

165

la invitación para que recibiera a Jesús en su corazón, me dijo: «Yo no necesito hacer eso, porque yo soy una persona muy buena, que no le hago mal a nadie; por lo tanto, no tengo de qué arrepentirme». Personas como ella serán juzgadas de acuerdo a sus obras.

Porque todos los que dependen de las obras de la ley están bajo maldición, pues escrito está: Maldito todo aquel que no permaneciere en todas las cosas escritas en el libro de la ley, para hacerlas (Gálatas 3:10).

El apóstol Pablo aquí se está dirigiendo a la iglesia en Galacia. Esta iglesia había sido invadida por un grupo llamado los judaizantes; quienes enseñaban que era necesario seguir guardando la ley de Moisés en adición a la salvación recibida a través del sacrificio de la cruz. De manera que, en esta iglesia, se estaba tratando de implementar ese tipo de combinación ley-gracia; a lo cual, Pablo responde de una manera tajante, estableciendo que eso no funciona así.

De Cristo os desligasteis, los que por la ley os justificáis; de la gracia habéis caído (Gálatas 5:4).

La ley nunca fue dada para que el hombre se salve por ella. Dios sabía que ningún hombre podría jamás cumplir todos los mandamientos establecidos (más de seiscientos). Aquel que fallaba en uno solo, caía bajo maldición. La ley fue dada, dice el apóstol, como un ayo (el ayo era la nodriza que se encargaba de guiar al niño, mientras este no tenía capacidad para hacerlo por sí mismo).

De manera que, la ley fue dada al hombre como un medio que lo guiaría al convencimiento de su inutilidad de cumplir con las exigencias de Dios. Existe un solo hombre que cumplió todos los mandamientos de la ley sin fallar, Jesús de Nazaret. Por eso es que Él es el único que reunió las calificaciones necesarias para salvar a todos los demás.

Por su parte, la palabra «gracia» quiere decir «favor no merecido». El sacrificio que Jesús realizó en la cruz del calvario es un regalo para la humanidad que ningún hombre se merece y que tampoco jamás podrá comprar de ninguna manera. Es tan costoso que ningún dinero lo puede pagar; por eso Dios se lo regala al hombre.

Pablo aquí les está hablando a los cristianos de Galacia acerca de tomar una decisión definitiva. Algo como: «O te acoges al regalo de la gracia, o te quedas en las obras de la ley. Pero tienes que saber que, si decides optar por las obras de la ley, estás bajo maldición, por cuanto has despreciado y pisoteado el valor del sacrificio de Jesús y la sangre que Él derramó en la cruz del calvario».

Así que, cuando sean abiertos los libros de las obras, las personas que comparezcan en este juicio serán juzgados de acuerdo a lo que ellos mismos escogieron en vida.

Hay otro libro aún más importante, **el libro de la vida**. En él se determina en qué lugar pasaremos la eternidad cada uno de nosotros.

Y el que no se halló inscrito en el libro de la vida
fue lanzado al lago de fuego (Apocalipsis 20:15).

En este juicio, la pregunta primaria no será qué tan bueno o tan malo fuiste; sino más bien, qué hiciste con la sangre que Jesús derramó en la cruz del calvario. Si aceptaste ser lavado con esa sangre, para limpieza y perdón de tus pecados, o la despreciaste y pisoteaste.

La posición que cada ser humano asuma con relación al sacrificio de Jesús y la acción que tome basándose en su posición es lo que determinará en qué lugar pasará la eternidad. Cuando una persona abre su corazón a Jesús y le pide ser lavado y limpiado con su sangre, Él viene a vivir en esa vida; y una de las cosas que suceden en ese mismo momento, es que el nombre de esa persona es inscrito en el libro de la vida.

De acuerdo con Apocalipsis 5:5, existe una sola persona que puede abrir y mirar el libro, el Cordero, ya que este le pertenece a Él.

Así que, de todos estos libros que serán abiertos en el juicio final, el de mayor importancia es el libro de la vida. Aquellos que no tengan sus nombres inscritos en él, tristemente tendrán que pasar la eternidad junto a Satanás, el anticristo y el falso profeta, quienes ya anticipadamente habrán sido lanzados en ese lugar de tormento.

Cada persona en este mundo toma su propia decisión acerca del lugar en donde pasará la eternidad; y el tiempo de tomar esta decisión es mientras cada uno esté con vida.

El lugar de tormento no fue preparado para el hombre; sino para Satanás y sus ángeles. Pero allí irán a compartir con ellos todos aquellos que desprecien el amor de Dios y la sangre que Jesús derramó en la cruz del calvario. Por eso, Él dice en su Palabra:

[...] Os he puesto delante la vida y la muerte, la bendición y la maldición; escoge, pues, la vida, para que vivas tú y tu descendencia (Deuteronomio 30:19).

Dios ama al hombre, por eso diseñó el plan de salvación; pero no lo obliga a recibirla; porque lo hizo con voluntad propia y Dios jamás atropellará la capacidad que le dio al hombre de decidir por sí mismo.

¡Cada uno toma su propia decisión!

169

CAPÍTULO

9

TODO NUEVO

*Vi un cielo nuevo y una tierra nueva; porque el
primer cielo y la primera tierra pasaron, y el mar
ya no existía más (Apocalipsis 21:1).*

Al comenzar el capítulo 21 de Apocalipsis,
podemos notar que Juan no utiliza un término que ha
sido frecuente durante su relato de la visión apocalíptica.
Este término es: «Después de esto». Lo cual nos permite
discernir que este evento toma lugar paralelo al juicio
final.

Pero el día del Señor vendrá como ladrón en la noche; en el cual los cielos pasarán con grande estruendo, y los elementos ardiendo serán deshechos, y la tierra y las obras que en ella hay serán quemadas. Puesto que todas estas cosas han de ser deshechas, ¡cómo no debéis vosotros andar en santa y piadosa manera de vivir, esperando y apresurándoos para la venida del día de Dios, en el cual los cielos, encendiéndose, serán deshechos, y los elementos, siendo quemados, se fundirán! (2 Pedro 3:10-12).

Primeramente, en este pasaje es necesario entender el término día como un periodo de tiempo y no como solo veinticuatro horas. Una vez hecha esa aclaración, te invito a analizar estos versículos.

Cuando Dios creó el universo, «los cielos y la tierra» (Génesis 1:1), todo lo que Él creó era perfecto, bello, en un total y absoluto orden. Luego vino la rebelión de Satanás, quien, por cierto, no era Satanás en ese momento; sino Lucero (Lucifer). Luego de revelarse contra Dios y tratar de guerrear contra Él, fue derrotado y convertido en lo que es hoy. El pecado original no fue el de Adán y Eva; fue el de Satanás.

Cuando él se reveló contra Dios y se levantó en guerra en su contra, la tierra quedó en total desorden a causa de esta revolución. Luego viene Dios y reorganiza todo; planta el huerto del Edén, crea al hombre, lo pone allí y le da toda la autoridad necesaria para gobernar la tierra. Este traiciona a Dios; quebranta sus mandamientos y la tierra es contaminada con el pecado, a consecuencia de lo cual es maldecida.

Por otro lado, debo explicarte que existen tres cielos. El apóstol Pablo declara, en su segunda carta a los Corintios 12:2, que él, en algún momento, fue arrebatado y llevado hasta «el tercer cielo». El primer cielo es el firmamento que alcanzamos a ver. El segundo cielo es el lugar en donde Satanás tiene asentados sus cuarteles y desde donde despliega sus batallas. Cuando el profeta Daniel estuvo veintiún días en ayuno y oración, esperando recibir respuesta y revelación de parte de Dios, el mensajero de Dios, Gabriel, le dijo:

> [...] Daniel, no temas; porque desde el primer día que dispusiste tu corazón a entender y a humillarte en la presencia de tu Dios, fueron oídas tus palabras; y a causa de tus palabras yo he venido. Mas el príncipe del reino de Persia se me opuso durante veintiún días; pero he aquí Miguel, uno de los principales príncipes, vino para ayudarme [...] (Daniel 10:12-13).

Esta batalla se produjo en el segundo cielo. El tercer cielo es la habitación de Dios. En este lugar no existe contaminación alguna. Allí todo está lleno con su presencia y santidad, ya que Él es santo y no puede habitar en un lugar contaminado por el pecado.

Al final de los tiempos, es necesario que todo lo que ha sido contaminado con la presencia de Satanás y del pecado sea consumido en fuego y desaparezca y Dios, en su poder, creará un cielo nuevo y una tierra nueva, tal como Él los creó originalmente. De manera que, lo que será destruido por fuego será la tierra y el primer y segundo cielo.

Luego de esto, Juan presencia cómo desciende del cielo de Dios (el tercer cielo), la santa ciudad; la nueva Jerusalén.

Y oí una voz del cielo que decía: He aquí el tabernáculo de Dios con los hombres, y él morará con ellos; y ellos serán su pueblo, y Dios mismo estará con ellos como su Dios. Enjugará Dios toda lágrima de los ojos de ellos; y ya no habrá muerte, ni habrá más llanto, ni clamor, ni dolor; porque las primeras cosas pasaron. Y el que estaba sentado en el trono dijo: He aquí, yo hago nuevas todas las cosas. Y me dijo: Escribe; porque estas palabras son fieles y verdaderas (Apocalipsis 21:3-5).

Después me mostró un río limpio de agua de vida, resplandeciente como cristal, que salía del trono de Dios y del Cordero. En medio de la calle de la ciudad, y a uno y otro lado del río, estaba el árbol de la vida, que produce doce frutos, dando cada mes su fruto; y las hojas del árbol eran para sanidad de las naciones. Y no habrá más maldición; y el trono de Dios y del Cordero estará en ella, y sus siervos le servirán, y verán su rostro, y su nombre estará en sus frentes. No habrá allí más noche; y no tienen necesidad de luz de lámpara, ni de luz del sol, porque Dios el Señor los iluminará; y reinarán por los siglos de los siglos (Apocalipsis 22:1-5).

Así viviremos por toda la eternidad. Este es el tipo de vida que tendremos en la presencia misma de Dios todos aquellos que hayamos tenido una experiencia real y viva con Jesús, el Hijo de Dios.

CAPÍTULO
10

¡VEN PRONTO!

¡He aquí, vengo pronto! (Apocalipsis 22:7 y 12).

¡Nos es dada esta gran promesa! Y dice también que Él viene con su galardón para pagar a cada uno según sea su obra. En el versículo 14 dice que aquellos que lavan sus ropas, para tener derecho al árbol de la vida y para entrar por las puertas de la ciudad, son bienaventurados. Luego, también dice, usando una expresión no muy frecuente, pero muy fuerte: **«mas los perros estarán fuera».**

Es necesario entender el significado de esta expresión, los perros, ya que de ninguna manera se está refiriendo literalmente a los animales. Hago esta aclaración, porque hay algunos que, basados en este versículo, enseñan que los perros son símbolo de demonios. Hay que ser muy cuidadosos para dar interpretación a las Sagradas Escrituras, sin sacar los versículos de su contexto, y tomando en cuenta que muchas expresiones se usaban de acuerdo con las costumbres y terminologías de los tiempos bíblicos. Este cuidado nos evitará caer en enseñar doctrinas de error.

La razón por la cual se usa este término en el versículo 15 es la siguiente: el perro palestino es análogo al perro vagabundo de la India. Al comienzo de la historia del pueblo de Israel, se les ve rondando por las calles y por las afueras de las ciudades alimentándose de lo que les echaran, lamiendo la sangre derramada y devorando los cadáveres. En algunas ocasiones, los perros se reunían para atacar a los hombres. Los perros eran considerados como inmundos por sus hábitos alimentarios y sus costumbres (este comentario ha sido extraído del Nuevo Diccionario Bíblico Ilustrado «Vila-Escuain»).

De manera que, el término apocalíptico no se está refiriendo literalmente a los animales; sino que es usado para calificar personas, tales como los hechiceros (aquí entra toda una gama distinta de prácticas de satanismo de cualquier forma o nivel); los fornicarios; los idólatras y los mentirosos. Como puedes apreciar, todos los pecados delante de Dios tienen un mismo nivel; la mentira está al mismo nivel de la fornicación, la idolatría y las prácticas de satanismo. Es muy importante tener en cuenta que, mentira es todo lo que no es verdad. Las mentiras blancas no existen, todas son del mismo color (negras).

Luego, usa repetidamente el siguiente término: «**el Espíritu y la Esposa dicen ven**», «**Y el que oye, diga; ven**». Finalmente el mismo apóstol Juan, en el versículo 20 dice: «**Amén; sí, ven, Señor Jesús**». Toda persona que ha tenido una experiencia personal con Jesús debe tener este mismo sentir; porque el Espíritu de Dios que vive dentro de él dice «ven». Hay muchos que han perdido por completo la perspectiva de esta promesa y han dejado de creer que el Señor vendrá, tal como lo prometió. El apóstol Pedro habló de esto y dijo:

> *El Señor no retarda su promesa, según algunos la tienen por tardanza, sino que es paciente para con nosotros, no queriendo que ninguno perezca, sino que todos procedan al arrepentimiento (2 Pedro 3:9).*

Cada uno de nosotros, los hijos de Dios, debemos desear con sinceridad de corazón y pasión la llegada de este momento, en el que tomará lugar el cumplimiento de su promesa. Pero no solamente debemos desearlo; sino que también debemos preocuparnos por ser sus instrumentos, limpios y dignos de llevar en alto su nombre, para que aquellos que aún no le conocen lleguen al conocimiento de la verdad.

Ahora bien, aquí debo hacer un paréntesis, mismo que es de extrema necesidad. Este material ha sido escrito con tres propósitos principales:

1) El dejar sentado, de una manera clara, que el fin del mundo no ha llegado ni está llegando todavía; pero sí, a su vez, explicar que hay eventos establecidos por Dios que van a tomar lugar, porque Él lo decidió de esa manera; y el que sucedan no depende, bajo ninguna circunstancia, de lo que yo crea o deje de creer. Y estos eventos están muy cercanos.

2) Los sucesos que van a tomar lugar no me deben tomar por sorpresa. No debo estar desapercibido; por el contrario, debo estar preparado para nuestro próximo gran evento, el cual no sabemos cuándo sucederá; pero sí sabemos que tomará lugar; que las profecías se van cumpliendo y todas las cosas van apuntando hacia su cumplimiento.

3) Si tú, apreciado amigo, estás seguro de haber recibido a Jesús en tu corazón y que te irás en el arrebatamiento de la iglesia; entonces, tanto tú como yo, somos responsables delante de Dios por comunicar su **VERDAD** a los que aún no la conocen. Jesús dijo: *«Yo soy EL CAMINO, LA VERDAD Y LA VIDA, y nadie vendrá al Padre si no es a través de mí».*

Esta es nuestra responsabilidad, comunicar al mundo que solo en Él se encuentra absolutamente todo lo que el hombre necesita. Él es la respuesta a todas las preguntas y la solución a todos los problemas de esta sociedad. Él dijo que, cuando su Evangelio haya sido predicado a todas las naciones, recién entonces vendrá el fin. Somos nosotros los llamados a predicarlo a todas las naciones. **¡NO PODEMOS QUEDARNOS CALLADOS!**

Así que, es mi mayor deseo que tanto tú como yo podamos experimentar este sincero anhelo, el cual debe salir de lo más profundo de nuestro espíritu, impulsado a su vez por el deseo del Espíritu de Dios que vive en nosotros. Mi pregunta hoy es, después de haber leído este material y hecho conciencia de cómo sucederán las cosas, si estás listo y preparado para decir: Sí, Señor Jesús, ven pronto. ¡Estoy listo y preparado para ver tu rostro!

CAPÍTULO
11

LA PROXIMIDAD DE ESTOS EVENTOS

Mencioné anteriormente que Jesús dijo y enfatizó que el día y la hora en que comenzarán a suceder estos sucesos no lo sabe nadie, solamente Dios Padre. Ni siquiera lo saben los ángeles. Sin embargo, hay una serie de acontecimientos que están sucediendo, los cuales nos sirven como señales para poder determinar qué tan cerca estamos, eventos que el mismo Jesús dijo que son principios de dolores.

Creo que la señal más clara será el momento en que tome lugar la guerra que debe suceder para que Israel recupere de manos de los árabes el territorio en donde se encuentra en este momento la mezquita de Omar; territorio en el que debe ser construido el último templo judío, en el cual entrará el anticristo para profanarlo, al cabo de los primeros tres años y medio de su gobierno. Esa será, a mi modo de ver, la señal más clara de que estamos a las puertas del comienzo de esta secuencia de eventos antes descritos.

Mientras tanto, el mundo entero se va preparando para ello. Los presidentes de las naciones están de acuerdo en que se deben hacer cambios radicales en la manera o sistema de cómo gobernar. Conforme van pasando los días y los años, estos sucesos de preparación mental, social, gubernamental, religioso, financiero (monetario) y tecnológico van tomando lugar de una manera más acelerada. Todos hablan **del nuevo orden mundial.**

Existe mucha información a través de internet, en la cual puedes comprobar los comienzos de lo que será el sistema de control mundial del anticristo (implantaciones de chips a sus empleados, por parte de empresas, por ejemplo). Así está establecido en la Biblia y, aunque lo presenten como algo bueno, no lo es.

El verdadero fin de esto es obtener control total y absoluto del movimiento de todos los habitantes de los países. Ese es el plan, y quieren comenzar a implementarlo para que cuando llegue el anticristo ya tenga el camino preparado para establecer su marca de manera obligatoria. La tecnología ya está en funcionamiento, solo tendrán que hacer algunos cambios o ajustes al mismo, en la parte informática.

Mencioné anteriormente que el gobierno del anticristo establecerá:

1) Un gobierno mundial.

2) Un sistema monetario mundial.

3) Una religión mundial.

Todos los sistemas están trabajando hacia esa dirección. Cierta vez observé uno de esos videos que se comparten en internet, en el cual se mostraba una reunión que tomó lugar en el Vaticano, entre el entonces presidente de Estados Unidos, Barack Obama, y el Papa Benedicto XVI, el 10 de julio de 2009. Básicamente, el Papa Benedicto XVI pidió una «autoridad política mundial» para gestionar la economía global y una mayor regulación gubernamental de las economías nacionales para sacar al mundo de la actual crisis y evitar que se repita. La carta publicada llama a una reforma de la ONU y pide una mayor regulación gubernamental de las economías nacionales para disminuir las desigualdades.

Si analizamos esto, a simple vista y ante los ojos de cualquier ser humano, el propósito de esta carta aparentemente es para un buen fin: evitar que se repita una crisis similar a la que vivimos en los recientes años pasados y disminuir las desigualdades; pero la Palabra de Dios nos enseña que debemos estar apercibidos para que no seamos engañados.

El nuevo orden mundial, supuestamente es algo positivo para la humanidad; pero no es otra cosa que el cumplimiento de algo profetizado y establecido en el plan de Dios. Tampoco estoy diciendo, como hace unos años algunos aseguraban, que el expresidente de Estados Unidos, Barack Obama, era el anticristo. Recordemos que el anticristo vendrá y engañará a todos, incluyendo a los judíos, con propuestas de paz. Y los judíos, como siguen esperando la llegada del Mesías, aceptarán a este personaje como si lo fuera. Para ello deberá ser un descendiente del pueblo de Israel; judío de sangre. En el caso de la aseveración que hubo de que Barack Obama era el anticristo, él no es descendiente de judíos y es de religión musulmana. Por lo tanto, podemos deducir que los judíos jamás aceptarán a un no judío como el Mesías que ellos esperan.

Así que, nosotros estamos llamados a ser sabios y no debemos estar envolviéndonos en este tipo de comentarios y aseveraciones que ni siquiera tienen una base sólida.

También, como ya he mencionado, la Biblia declara que al espíritu del anticristo no se le permite manifestarse aún, porque hay quien al presente lo detiene y únicamente cuando sea quitado del medio, se manifestará el inicuo, la encarnación misma de Satanás.

Todo lo que estamos viendo y hemos visto a través de la historia no es otra cosa que un eslabón más en la preparación mundial para la llegada del anticristo. Es muy necesario entender que, a nivel mundial, las naciones seguirán preparándose dentro de este marco a través del llamado «nuevo orden mundial». Este no es un asunto que concierne a una sola nación. Debemos entender que los presidentes de todas las naciones tienen este sentir y están apoyando esta reforma gubernamental, un solo gobierno mundial.

El propósito de este estudio no es el de causar miedo ni mucho menos pánico a nadie. A través de este material te he presentado una verdad, un mensaje claro de advertencia, un toque de trompeta, el cual deja ver a cada uno la realidad de lo que va a suceder en un futuro muy cercano y también lo que ya está sucediendo; y nos muestra qué tan próximos estamos al comienzo de todos estos eventos. Además, te presento una solución clara y contundente para que no tengas que pasar por todos estos acontecimientos ni llegar a sufrir toda esta tribulación.

En este tema, debo hacer un enfoque dirigido a dos lectores diferentes:

1) Si tú has tenido una experiencia personal e íntima con Jesús de Nazaret, me dirijo a ti para decirte: Si no lo has estado haciendo, de hoy en adelante debes vivir tu vida procurando, desde lo más profundo de tu corazón, estar preparado como si el arrebatamiento de la iglesia fuera hoy día mismo. Conviértete en un practicante de la Palabra de Dios. Satanás no se preocupa de que la leas, la estudies o aun que prediques de ella; él sí se preocupa, y mucho, de que la vivas. Mantén cada día una relación pura y limpia con el Señor Jesús y conduce tu vida diariamente de una manera muy cuidadosa, para permanecer agradable delante de Él y estar preparado para ese momento.

2) Si has tenido la oportunidad de leer este material, nunca has hecho una oración para invitar a Jesús a que venga a vivir en tu corazón y al mismo tiempo sientes en tu interior una especie de vacío que nada ni nadie te lo ha podido llenar, la solución es bien simple, porque Dios no es complicado; te invito a entrar cuidadosamente en el próximo capítulo y seguir las instrucciones impartidas en él.

Ahora bien, deseo dejar esto completamente claro. No existe gobernante alguno que pueda traer el cambio que el mundo espera: la paz, la estabilidad financiera, ni la solución permanente y definitiva a los problemas, conflictos y situaciones a los cuales la humanidad entera se enfrenta hoy en día. Lo que está establecido en la Palabra de Dios (la cual no falla), todos los eventos proféticos declarados en ella, tomarán lugar; simplemente porque así fue establecido por Dios.

El mundo financiero experimentará un rompimiento total y las naciones buscarán unirse para crear un solo sistema monetario mundial. Ellos lo harán buscando una solución a la crisis mundial; pero detrás de ese intento humano, siempre estará el cumplimiento de las profecías bíblicas.

CAPÍTULO
12

SI ABRES LA PUERTA

He aquí, yo estoy a la puerta y llamo; si alguno oye mi voz y abre la puerta, entraré a él, y cenaré con él, y él conmigo (Apocalipsis 3:20).

Esta es una promesa que viene directamente de los labios de nuestro Señor; y como no es hombre para que mienta, la promesa es fiel y verdadera.

Quiero enfatizar dos aspectos importantes que se encuentran en este versículo:

1- El Señor está tocando la puerta del corazón en cada vida. Él promete que aquel que decida prestar oído a su voz y tome la decisión de abrir la puerta de su vida a Jesús, el Cristo, recibirá su presencia. Esta presencia será de carácter permanente y luego se desarrollará en una relación íntima y familiar. Esto es lo que indica, cuando dice: «Cenaré con él, y él conmigo».

2- Esta promesa claramente está extendida a toda persona que no ha conocido a Jesús como su Señor y Salvador, aunque sean asistentes fieles de alguna iglesia, ya que por muchos años se ha usado esta invitación solamente para no creyentes; sin embargo, cuando analizamos el contexto de este versículo, podemos ver que está encajado dentro del mensaje enviado a una de las siete iglesias del Asia menor, la iglesia de Laodicea. Esto porque, evidentemente, existen muchísimas personas que piensan que con solamente su asistencia a la iglesia ya tienen ganado el cielo. Sin embargo, sus vidas están tan vacías e incluso peor que las de aquellos que nunca frecuentan una iglesia. Estos son simples religiosos; porque no hay en ellos una verdadera experiencia con Jesús, el dador de vida.

La solución a todo esto es bien sencilla. Jesús ya hizo todo lo que había que hacer. Dios no quiere que yo sea un héroe, ni que pague con mi propia vida. Eso ya fue hecho por Jesús. Él sufrió, fue torturado, derramó su sangre y murió en la cruz del calvario; y con ello pagó el precio que era necesario por salvarnos de nuestros pecados.

Lo que nos toca ahora hacer es creer en lo que Él hizo, abrirle nuestro corazón, arrepentirnos de nuestro pecado y vendrá a vivir en cada uno de nosotros.

Este es el primer paso. Para aquellos que reaccionen positivamente a esta promesa, existen dos promesas más:

Porque ellos mismos cuentan de nosotros la manera en que nos recibisteis, y cómo os convertisteis de los ídolos a Dios, para servir al Dios vivo y verdadero, y esperar de los cielos a su Hijo, al cual resucitó de los muertos, <u>a Jesús, quien nos libra de la ira venidera</u> (1 Tesalonicenses 1:9-10).

La primera promesa básicamente es que todo aquel que reciba a Jesús en su corazón, de una manera genuina y sincera, y se mantenga procurando cada día que la santidad de Dios se manifieste a través suyo, no pasará por ninguno de los eventos que sucederán en el planeta durante los años de la tribulación. La razón es muy sencilla. Todos aquellos que han experimentado a Jesús en sus vidas como una vivencia real y palpable, no como una religión, serán elevados en el arrebatamiento de la iglesia y no estarán en esta tierra durante estos siete años del gobierno del anticristo.

Y el que no se halló inscrito en el libro de la vida fue lanzado al lago de fuego (Apocalipsis 20:15).

La segunda promesa es que, aquellos que tienen sus nombres inscritos en el libro de la vida del Cordero, no irán al lago de fuego.

De manera que, yo tengo unas cuantas preguntas para ti:

¿Eres genuinamente un hijo de Dios? ¿En algún momento de tu vida has sido sensible a la

voz de Jesús que te dice que abras la puerta de tu corazón? ¿Tienes ya establecida una relación personal con Jesús, el Hijo de Dios? ¿Vive Él en tu corazón?

Estas interrogantes únicamente tú las puedes y debes contestar, desde lo profundo de tu corazón. Si nunca has tenido la preciosa oportunidad de hacerlo; quiero que sepas que hoy es tu gran día para decidir recibir tu salvación eterna. Observa, no te estoy preguntando si asistes a alguna iglesia; sino más bien, si tienes una relación íntima y genuina con Él.

Si nunca lo has hecho, yo te invito a que leas la oración que encontrarás a continuación y que la apropies a tu vida con un corazón sincero.

ORACIÓN PARA RECIBIR A JESÚS EN EL CORAZÓN

Padre celestial, vengo delante de ti con corazón sincero. Creo que Jesús es el Hijo de Dios que vino al mundo, murió en la cruz, y en ella derramó su sangre; y la sangre que derramó es poderosa para limpiarme de todo pecado y todo mi pasado.

Voluntariamente, quiero recibir a Jesús en mi corazón como mi Dios, Señor y Salvador personal. Señor Jesús, ven a vivir en mí; te abro mi corazón y te pido que me laves con tu sangre preciosa, me llenes con tu Espíritu y que inscribas mi nombre en el libro de la vida en el cielo.

De hoy en adelante viviré solamente para ti. En el nombre de Jesús. ¡Amén!

Si has hecho esta oración de corazón, le has abierto la puerta de tu vida a Jesús. Quiero asegurarte, de parte de Dios, que aquel día en que se abra el libro de la vida del Cordero, tu nombre se encontrará inscrito allí y, tal como Él lo ha prometido, pasarás a la eternidad, gozando de su preciosa presencia.

¡Gloria a Dios!

ACERCA DEL AUTOR

El escritor de este libro, Miguel Ángel Hurtado —totalmente inspirado por el Espíritu Santo, quien es el autor real de esta obra—, nace en una pequeña localidad, cerca de la bella ciudad de Santa Cruz de la Sierra en la República de Bolivia. Es el último hijo de una familia de ocho hermanos, criado en un hogar cristiano bajo una estricta; pero amorosa, instrucción de la Palabra de Dios.

Aunque su nacimiento estuvo rodeado de circunstancias muy especiales, debido a que durante el embarazo, su madre, doña Doris Añez de Hurtado, desarrolló una enfermedad llamada eclampsia y a los siete meses los médicos no habían podido captar las pulsaciones del corazón ni se percibía movimiento por parte del bebé, causando que el diagnóstico fuera muerte y orden de cirugía inmediata para sacarlo del vientre y evitar el riesgo de la mamá; esta mantuvo un faro de esperanza, y tomada de Jeremías 33:3, que dice: «¡Clama a mí, y yo te responderé, y te enseñaré cosas grandes y ocultas que tú no conoces!», de rodillas clamó al Padre, diciéndole: «Señor, si tú me concedes a mi hijo sano, yo lo dedicaré a ti. Él será tu siervo. Así que te ruego que hoy mismo me muestres que le has dado la vida para que yo no me someta a esta cirugía». Mientras aún oraba, el bebé se movió por primera vez en su vientre. ¡La mano poderosa de Dios le había concedido la vida a Miguel!

A los nueve años recibió a Cristo en su corazón; sin embargo, no desarrolló una relación íntima con Él, y lamentablemente, esta carencia de convicción en su corazón, lo llevó a desviarse completamente hacia el mundo. A los diecinueve años incursionó en la música y esto lo llevó al alcohol y otras influencias que trajeron fracaso y frustración a su vida. Trece años estuvo en ese estado, completamente destruido; lleno de rencor, amargura y dolor.

Pero el clamor y la promesa de su madre no habían sido en vano. Miguel se reencontró con el Señor, quien en su misericordia lo recibió. Así inicia una verdadera vida cristiana. Cuarenta años después, luego de haber cursado estudios bíblicos y de ser entrenado y probado, por la gracia del Señor recibe su ordenación al ministerio.

Hoy día, Miguel Hurtado, junto con su esposa, Ynés Amarilis, sirven al Señor con todo su corazón, buscando estar en el centro de su perfecta voluntad. Actualmente son pastores de la iglesia Jesus Worship Center Everglades, bajo la cobertura de los pastores Frank y Zaida López, de la iglesia Jesus Worship Center Doral.

¡Que toda la gloria, honra y honor sean siempre para nuestro Señor y Salvador Jesucristo!
¡Su amor no tiene límites!

BIBLIOGRAFÍA

Biblia de referencia Thompson
Versión Reina-Valera
Revisión 1960

Biblia de Estudio Pentecostal
© 1993 por Editorial Vida
Deerfield, Florida 33442-8134

Nuevo Diccionario Bíblico Ilustrado
Vila – Escuain
© 1985 por CLIE

Apocalipsis
La revelación de Jesucristo
Rev. Kittim Silva B.A., M.P.S
© 1985 por el autor Kittim Silva

Explicación del Libro de Apocalipsis
Iván Barchuk

Porciones de la Biblia subrayadas (realizado por el autor)

MINISTERIO
AMOR SIN LÍMITES
PORQUE DE TAL MANERA AMO DIOS AL MUNDO...

Me interesa mucho saber si este libro ha sido de
bendición para tu vida, por favor escríbeme a:

Miguel A. Hurtado
Ministerio Amor sin límites

P.O.BOX 228512
Doral, FL 33222 USA.
miguel.asl77@gmail.com

Made in the USA
Columbia, SC
14 January 2020